中国近代新闻学名著系列丛书

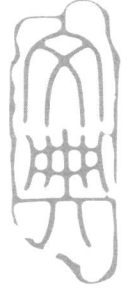

芮必峰 ◎ 主编

# 记者道

—— 袁殊 ◎ 著 ——

中国传媒大学出版社

·北 京·

# 编 委 会


**主　编**　芮必峰

**副主编**　姜　红　刘　勇

**编　委**　贾　南　周　彤　张冰清　侯普曼

# 出版说明

本丛书整理再版了近代在中国用中文出版的经典新闻学著作，所涉及的图书既有专著、教材，也有译著，全面涵盖了新闻学理论、新闻业务、新闻史等领域，成书年份前后跨越40年。在这40年间，中国的新闻学科从无到有、从借鉴到创新，成就巨大。对这些著作的再次出版，为研究中国近代新闻学提供了珍贵的史料，绘制了中国近代新闻学的全景，度量了中国近代新闻学的厚度，填补了该领域空白，也为纪念中国新闻学诞生100周年献上了一份厚礼。

我们请中国人民大学新闻学院教授、博士生导师，广西大学新闻传播学院院长，教育部社会科学委员会委员兼新闻传播学科召集人郑保卫，及中国传媒大学传播研究院院长、教授、博士生导师，中央实施马克思主义理论研究和建设工程新闻学首席专家雷跃捷对本丛书的内容进行了审定，并根据专家的意见进行了修改。在此对两位专家所付出的辛勤劳动表示衷心感谢。

由于历史原因，本丛书中的个别图书存在一些问题，为保存历史原貌，为研究者提供一手的参考资料，影印时均基本保持其原貌，未作大的删改，希望读者结合当时的历史条件和历史环境，对其中的观点进行批判性借鉴。原书中存在一些错别字、漏字和排版错误，我们在影印时均未做改动，敬请读者注意。

由于原书出版年代久远，本丛书中的许多书籍难觅其踪，存世数量稀少，版权状况极其复杂。为了保证本丛书的学术性和完整性，我们将具有价值的图书先行选入其中，进行了抢救性发掘，力图保存中国新闻史珍贵的历史资料。版权所有人若有异议，请及时与我们联系。

为更好地体现中国近代新闻学的发展脉络，本丛书特别收录了欧美学者休曼的《实用新闻学》、斯蒂德的《新闻学的理论与实际》；日本学者松本君平的《新闻学》、后藤武男的《新闻纸研究》、杉村广太郎的《新闻概论》。当年这些书的出版对中国近代新闻学具有一定的借鉴意义。

本丛书为影印制作，成书清晰度由原书决定，由于出版年代久远，受当时生产力水平及制作方法限制，难免会存在一些缺陷，敬请读者谅解。

中国传媒大学出版社

# 总　序

如果从1903年商务印书馆编译出版日本人松本君平的《新闻学》算起，中国的新闻学已有115年历史①。如果从1918年北大新闻研究会建立，徐宝璜开办新闻学讲座算起，中国新闻学教育和研究迄今正好100年历史。我们搜集整理了清末至民国期间一些有代表性的新闻学书籍，希望借此重现早期中国近代新闻学的本来面貌，反映我国新闻学发展的历史脉络，我们认为，这对中国新闻学术、教育史研究以及中国近现代思想史研究都是很有意义的。

从1903年到1949年9月的40多年间，我国公开出版和内部印行的新闻学书藉，包括专著、教材、论文集、资料汇编、参考工具书等，约468种之多。②它们集中反映了我国新闻学的历史发展轨迹。然而，由于多种原因，这些书籍除了几本曾被重印出版外，大多已经是“只闻其名、难觅其踪”，这对我国新闻学研究不能不说是一个遗憾。

本丛书在梳理1903—1949年间出版的有代表性的新闻学书籍的基础上，精选了50部著作，校订注释，编纂再版，也算对这一遗憾的弥补。

从我们挑选的这50部新闻学书籍来看，中国早期新闻学的发展有三个鲜明的特点：

**一、中国早期新闻学的发展与中国社会发展，尤其与国家民族利益息息相关**

40多年间，中国新闻学从近乎空白到勃然而兴，这与中国社会的动荡、变

① 黄天鹏回顾新闻运动时说：“有清光绪二十八年，商务印书馆刊行《新闻学》一书，为我国人知有新闻学之始，原书为日人松本君平所著……”资料来源：黄天鹏. 新闻运动之回顾［A］. 黄天鹏. 新闻学名论集［C］. 上海：上海联合书店，1929.

② 林德海，等. 中国新闻学书目大全1903—1987［M］. 北京：新华出版社，1989.

革休戚相关。西方新闻学是现代化的产物，最早形成于19世纪末20世纪初。1901年，“新闻学”一词首见于中文报章①，但直到民国前夕，国人对于“新闻有学乎”尚存疑，认为报社就是新闻人才的“养成所”。至1912年上海报业俱进会以“吾国报业之不发达……其最大原因，则为无专门之人才”②为由，号召组织报业学堂，培养报业专门人才。不难看出，此时新闻界亦将新闻学视为办报之“技”。至1918年邵飘萍为徐宝璜《新闻学》作序仍“窃叹我国新闻界人才之寥落，良由无人以新闻为一学科而研究之者”③。黄天鹏把1903年至1918年新闻学研究会建立之前的十余年视为中国新闻学的启蒙期。④

1918年，随着以启蒙为目标的新文化运动愈演愈烈，新思潮涌入国门，“新学”“西学”站在旧传统的对立面被学界关注，新闻学思想也不例外。作为公学之首和新文化运动中心的北京大学率先开办新闻学研究会，力证了“新闻学”存在的正当性；徐宝璜《新闻学》一书问世，成为中国新闻学理论的奠基之作。新闻学教育兴起，新闻学研究著作渐盛，待到北伐前夕，中国新闻学从学理上和实践上俱已建立起来。

新文化运动后期，马克思主义传入中国，资本主义文明逐渐“祛魅”。之后的大萧条使得西方国家的痼疾暴露无遗，曾经“理想之彼方”的西方报业也难以幸免。在这一时代背景下，如何建立“吾国之报业”成为新闻学研究的热点，围绕这一热点，一方面，关于中外新闻理论、新闻事业、新闻业务的著作日益涌现；另一方面，军阀对于激进言论的暴力摧残，又引发了新闻人对于言论自由的论争。20世纪20年代的中国新闻学呈现百家争鸣之势。

“在这言论自由纷争之际，也有若干论调，认为新闻纸不过是一种政治宣传的工具，在新闻学方面也唱过所谓社会主义的新闻理论，不过这种论调没有完成，当头的国难已把这种理论粉碎。”⑤“九一八”事变后，面对空前的民族危机，“国家至上、民族至上”成为国论，报业成为勾连与动员社会的渠道和网络，

---

① 梁启超．本馆第一百册祝辞并论报馆之责任及本馆之经历［J］．清议报，1901（100）：1–8．
② 戈公振．中国报学史［M］．上海：上海书店，1989：278．
③ 徐宝璜．新闻学［M］．长春：时代文艺出版社，2009：7．
④ 黄天鹏．四十年来中国新闻学之演进［M］//龙伟，任羽中，王晓安，何林，吴浩．民国新闻教育史料选辑．北京：北京大学出版社，2010：149．（以下征引本书时，一律简注为《民国新闻教育史料选辑》。）黄天鹏在此文中提出他对于1903年到战事结束的40余年间中国新闻学发展阶段的划分，原载《中国新闻学会年刊》第1期，1942年9月。
⑤ 黄天鹏．四十年来中国新闻学之演进［M］//民国新闻教育史料选辑．北京：北京大学出版社，2010：161．

致力于推动“舆论统一”。直到全面抗战中期之前，以战争宣传动员为主要研究目标的“战时新闻学”都是新闻学研究的热点。

1943—1949年中华人民共和国成立前夕，随着战争形势的转变，抗日战争已现胜利的曙光，中国新闻学人开始构想新闻业的未来。萨空了[①]于1943年开始着手书写《科学的新闻学概论》，旨在提醒新闻人应“鉴于美英的前车”[②]，避免报纸“为大财阀资本家所独占”[③]，“积极地设法使报纸成为大多数民众自己的相互报道消息、提供意见的工具”[④]。

## 二、中国新闻学是“西学东渐”的产物，中国早期新闻学人大多具备西学背景

“西学东渐”的内在精神是中体西用。在“用”的招牌下，西学大量涌入。中国新闻学直接引自日本和美国。首先，中国最早的新闻学译著分别为1903年商务印书馆编辑出版的松本君平的《新闻学》和1913年美国记者休曼著、史青编译的《实用新闻学》。前者成为中国新闻学的开端，而后者作为美国第一本新闻教育著作，“提供采访编辑各种实际问题的解决方案”[⑤]，也奠定了中国新闻人对于新闻教育之作用的基本构想。

早期中国新闻学人大多具备留美留日的求学背景。徐宝璜曾于美国密歇根大学修习经济学与新闻学，其《新闻学》（1919）的参考文献包括在美国出版的图书23种、在英国出版的图书7种，印证了时任北大校长蔡元培所言，“新闻学之取资，以美为最便矣”[⑥]。任白涛求学日本早稻田大学政治经济学系时，加入了《朝日新闻》名记者杉村楚人冠等筹建的“大日本新闻学会”[⑦]，《应用新闻学》

① 萨空了（1907—1988）四川成都人，蒙古族，笔名了了、艾秋飚，记者、主编、新闻学家。1927年任《北京晚报》《世界日报》编辑记者、《世界画报》总编辑。曾任教民国学院新闻系、北京新闻专科学校。1935年任上海《立报》副刊主编、总编辑兼经理。中华人民共和国成立后任中央人民政府新闻总署副署长兼新闻摄影局局长、出版总署副署长、全国政协副秘书长兼《人民政协报》总编辑等职。负责主编《中国大百科全书·新闻出版》卷，著有《科学的新闻学概论》《科学的艺术概论》《宣传心理研究》等。

② 萨空了. 科学的新闻学概论［M］. 香港：文化供应社，1946：36.

③ 萨空了. 科学的新闻学概论［M］. 香港：文化供应社，1946：36.

④ 萨空了. 科学的新闻学概论［M］. 香港：文化供应社，1946：36.

⑤ 黄天鹏. 四十年来中国新闻学之演进［M］//龙伟，任羽中，王晓安，何林，吴浩. 民国新闻教育史料选辑，北京：北京大学出版社，2010：157.

⑥ 邓绍根. 中国新闻学的筚路蓝缕：北京大学新闻学研究会［M］. 北京：清华大学出版社，2015：228.

⑦ 1915年《朝日新闻》的杉村楚人冠等在庆应义塾大学创办“新闻研究会”并讲授课程，后根据该讲义出版了《最近新闻纸学》（1918）。其时，杉村楚人冠还兼任“大日本新闻学会”的筹建者与学会新闻讲座讲师。

（1922）正是仿照杉村楚人冠《最近新闻纸学》一书体例所做。[①]邵飘萍的《实际应用新闻学》（1923）亦参考了《最近新闻纸学》。[②]杉村楚人冠深受美、德新闻思想熏陶，美、日、德的新闻思想因故才传到中国。

事实上，正是留美、留日学生群体的新闻学著述构建起了中国早期新闻学的基本框架。仅本丛书所涉国内著（编）者30人中，剔除资料不详者3人，有留学经历者共计15人。其中留美5人：徐宝璜、伍超、赵敏恒[③]、戈公振[④]、曹用先[⑤]；留日8人：吴定九[⑥]、邵飘萍、黄天鹏、任白涛、张友渔[⑦]、谢六逸、袁殊[⑧]、王文萱[⑨]；

---

① 周光明. 近代新闻史论稿［M］. 北京：社会科学文献出版社，2014：276.

② 方晓红. 中国新闻简史［M］. 南京：南京师范大学出版社，1996：122.

③ 赵敏恒（1904—1961），记者、新闻学教授。早年就读于清华大学，1923年起先后于美国科罗拉多大学文学院、密苏里大学新闻学院、哥伦比亚大学新闻学院攻读英国文学和新闻学，并获新闻学硕士学位。1925年起在纽约环球通讯社当编辑。1927年回国，在国民政府外交部情报处短暂工作后加入路透社。1945年10月任《新闻报》总编，兼任复旦大学新闻学教授。

④ 留学两个及两个以上国家的，按其留学的第一个国家计。

⑤ 曹用先，女，宁波人，天津南开大学社会科毕业。1926年与未婚夫查良鉴自南开大学毕业后，同赴密歇根大学留学，1930年在该校安娜堡完婚。硕士毕业后回国，曾就职于上海商务印书馆编辑所并任教于大夏大学，1949年与查赴台，1951年4月病逝于台湾。

⑥ 吴定九（1890—1930），名鼎，字定九，嘉定人。著名报人，《京报》元勋之一，著有《新闻事业经营法》。公派赴日本名古屋学习土木工程时，与在东京政法学校读书的邵飘萍成为密友。1923年9月，私立北京平民大学设立报学系，时任京报社经理的吴定九担任教授并讲授专业课程“新闻经营法”。

⑦ 张友渔（1898—1992），原名张象鼎，字友彝，又名张忧虞，山西灵石人。法学家、政治学家、新闻学家。先后求学于山西第一师范学校，国立北平法政大学法律系。1927年任《国民晚报》社长兼总编辑。同年加入中国共产党，任中共北平市委委员兼秘书长。1930年赴日留学。“九一八”事变后回国任《世界日报》主笔及燕京大学、中国大学、民国大学、中法大学、北平大学法商学院教授，讲授宪法学、劳动法学、新闻学和日本问题。1943年起在重庆任中共南方局文委秘书长、《新华日报》社论委员会委员、中共重庆工作委员会候补委员兼政策研究室副主任、《新华日报》代总编辑等职。

⑧ 袁殊（1911—1987），中共谍报人员、记者、新闻学者。早年赴日攻读新闻学、东洋史。曾创办上海自修大学并设新闻专科。1931年3月创办的《文艺新闻》，最早揭露了左联五烈士被害的消息。1932年任新声通讯社记者，经潘汉年引介加入共产党。1942年卧底敌伪报纸《新中国报》，1945年10月转移到苏北解放区；1949年调入中央情报部门。著《记者道》《学校新闻讲话》《新闻大王赫斯特》等书；译《新闻法制论》等。

⑨ 王文萱，曾留学日本，1930年5月翻译杉村广太郎的《新闻概论》。1942年国立社会教育学院新闻系成立，王文萱在该系教授新闻业务课程。1947年年初，李宗仁授意萧一山在北平创办《经世日报》作为喉舌，任命王文萱、蓝文澄两位教授为主笔。

旅欧2人为胡愈之和储玉坤[①]（详情见表）。这些涉足新闻学研究的归国留学生兼容并蓄，汲取美、日、德等国新闻理论和马克思主义新闻思想的精华，进行本土化改良，亦从侧面反映出中国新闻学的理论来源。

### 三、中国早期新闻学人往往兼新闻实践、新闻教育、新闻研究于一身

1918年，北京大学新闻学研究会成立，徐宝璜负责讲授新闻学知识。他结合自身从业经验，参考欧美新闻学书目，形成课程讲义；再结合讲课心得，不断完善新闻学理论。1919年，国人自撰的第一本新闻学专著《新闻学》最终成书。徐在自序中细陈写书修书之过程："新闻学乃近世青年学问之一种，尚在发育时期。余对于斯学，虽曾稍事涉猎，然并无系统之研究。客岁蔡校长设立新闻学研究会，命余主任其事，并兼任导师。余乃于暑假中，正式加以研究，就所得著《新闻学大意》一篇，以为开会后讲演之用。……开会后，余继续研究，加以会员之质疑问难，时有心得，遂将原稿加以修改，成第二次之稿……"[②]显然，"曾稍事涉猎"指其曾经担任《晨报》主笔的工作经历。早期中国新闻学人兼具从业经验和新闻学教学经验者多会总结实践经验、丰富新闻理论、著书立说、传道授业，这种情况并不鲜见。

从早期新闻学著作的作者（编者）身份来看：本丛书涉及国内著（编）者30人，除李公凡、刘元钊和鲁风三人身份不详，仅蒋国珍[③]、项士元[④]二人没有明确的新闻从业经验。而在这25人中，更有20人兼具从业经历与从教经历。新闻学人大多具有新闻从业经历，学术研究、传承活动与新闻实践密不可分（详

① 储玉坤，1912年生，江苏宜兴人，笔名雨君、储华。1937年中央政治学校大学部新闻学及国际政治专业毕业。1938年1月任《文汇报》编辑兼社论撰述者；1938年5月担任《文汇报》法国哈瓦斯分社编辑；抗战胜利后，任《文汇报》总主笔。1946年5月转任《申报》主笔和法国新闻社远东分社中文部主任，兼任中国新闻专科学校教务长和沪江大学新闻系教授。著有《现代新闻学概论》《第二次世界大战史》《美国经济》。

② 邓绍根，中国新闻学的筚路蓝缕［M］. 北京：清华大学出版社，2015：244.

③ 蒋国珍出生于1896年，江苏溧阳人，做过学生运动领袖、国民党党员、教育工作者、政府职员、银行经理。曾加入上海学生运动，代表上海全国各界联合会、全国学生联合会、上海各界联合会、学生联合会四团体发声。虞文俊认为其传世的《中国新闻发达史》翻译自日本人伊藤武雄的《中国新闻发达史》，即蒋国珍应为此书的译者而非著者。

④ 项士元（1887—1959），佛教居士、学者。原名元勋，号慈圆，又号石槎。浙江临海人，通日、英、德、梵、俄文，一生佛学著作等身。25岁毕业于杭州府中学堂，后办私立小学和赤城初级师范，兼任各校教师；捐资并赠书创办了临海图书馆。项士元长期辗转江浙等地从事教育、新闻和史志方面的研究工作。中华人民共和国成立后主持台州文管会，任浙江省文史馆馆员。所著《浙江新闻史》是中国最早的新闻史之一。

见表1[①]）。

从新闻学著作本身来看，许多民国新闻学书籍正是新闻实践和新闻教育的直接产物：国人自撰的第一部新闻采访学专著——《实际应用新闻学》根据邵飘萍在北京大学新闻学研究会和平民大学新闻系的讲稿所著，《新闻学总论》一书则根据邵氏国立政法大学的新闻学讲义整理而成；周孝庵[②]根据自己在复旦大学的新闻学讲义编著了《最新实验新闻学》；郭步陶[③]的《本国新闻事业》是上海市私立申报新闻函授学校讲义之十一；而《新闻学的基础知识》本就是中美日报读讯会[④]为新闻学自修者所出版的教材《实用新闻学讲义》之一；储玉坤的《现代新闻学概论》则是专门为大学新闻理论教科书而编写的（详见表2）。

正是由于早期新闻学人兼新闻实践、新闻教育、新闻研究于一身，才能为理论教学与著述提供最鲜活的案例，促使新闻实践经验迅速融入新闻学理论研究。这是近代中国新闻学迅速发展的重要因素，对于当今的新闻学研究、新闻学教育工作也有重要启示。

本丛书编委会邀请相关领域资深专家进行研讨，认真甄选了书目，仔细进行了版本比较和甄别，从而保证了本丛书较高的学术权威性。

由于历史的局限，民国新闻学书籍的不足是明显的，如学术理论不成熟、部分话语和话题打上了深深的时代烙印等；又因书中涉及的新闻稿件写作于特定历史环境和历史年代，其表达方式不严谨亦不可避免。盖所选书目皆是历史文献，我们在审校中尽量保持其历史原貌，不做大的删改；对极个别对马克思

---

① 李秀云. 留学生与中国新闻学［M］. 天津：南开大学出版社，2009：239-251. 本书中李秀云整理了民国期间从事新闻学研究的留学生44人，并分析其留学国别构成、专业构成、新闻实践经历、从教经历等。

② 周孝庵（1900—1973），佛教学者、律师、报人。松江府人。毕业于江苏省立第一商业学校。历任上海时事新报馆记者、编辑、主编，著《最新实验新闻学》。1928年秋被复旦大学聘为新闻学教授。曾于上海法政大学获法学学士学位，1930年兼律师。1932年主编上海《新闻报》“法律质疑”栏目、编著了《法律质疑汇编》。上海沦陷后，曾氏关闭了律师事务所，潜心佛学研究。

③ 郭步陶（1879—1962），原名成爽，后改名惜，字步陶。四川隆昌人。名记者、新闻研究者。1911—1917年任《申报》编辑，1917年任《新闻报》编辑主任、主笔。1930年任教于复旦大学新闻系。上海沦陷后赴香港，任职于《申报》（香港）、《星岛日报》；1939年创建中国新闻学院（香港）并任院长。抗战胜利后回沪任教于复旦大学、新中国学院。

④《中美日报》是“孤岛”时期的国民党报纸，为躲避日伪新闻检查，在美商罗斯福出版公司招牌下运作，副刊有《集纳》《堡垒》等。1938年11月创刊，1941年12月停刊，1945年8月复刊，次年4月终刊。总编先后为杨勋民、查修、詹文浒，总主笔周宪文，执笔者有储玉坤、章丹枫等。胡道静曾任英文编辑。报社读讯会为自修新闻学的读者出版了《实用新闻学讲义》，共计10种，对编辑术、采访术、评论作法、新闻写作、新闻学史、剪报工作等都有专篇论述。

主义、共产党等的不适当叙述已进行了删除处理。

本丛书规模较大，从策划项目、搜集资料、校订编纂到审稿成书，历时两年有余。这50本书可能并非本本经典，其中有些内容亦有重复、雷同之处，但瑕不掩瑜，它们对于研究中国新闻学功不可没，作为新闻史资料极具研究价值。感谢中国传媒大学出版社和安徽大学新闻传播学院诸位老师的辛勤付出，也希望读者在本丛书中能读出更丰富的内容，获得启发并更深入地思考。

丛书主编　芮必峰

2018年5月7日

附表：

**表1　著者受教育、从业、从教及著述情况列表**

| 序号 | 姓名 | 是否留学及留学国家 | 从业经历 | 从教经历 | 著作 |
|---|---|---|---|---|---|
| 1 | 徐宝璜 | 美国密歇根大学，经济学、新闻学 | 北京《晨报》主笔 | 北京大学新闻学研究会、北京平民大学新闻系 | 《新闻学》《新闻事业》 |
| 2 | 戈公振 | 1927年赴美国、日本考察新闻事业 | 首创《图画时报》、“上海新闻记者联合会”会长、《申报》总管理处设计处主任兼《申报星期画刊》主编 | 上海南方大学新闻系、上海国民大学新闻系、复旦大学新闻系、上海沪江大学商学院、上海民治新闻学院 | 《新闻学撮要》《中国报学史》《新闻学》 |
| 3 | 邵飘萍 | 东京政法学校 | 《汉民日报》主编、《时事新报》《申报》《时报》主笔、创办“北京新闻编译社”、《京报》社长 | 北京大学新闻学研究会、北京平民大学新闻系、国立法政大学 | 《实际应用新闻学》《新闻学总论》 |
| 4 | 吴定九 | 日本名古屋工业专门学校土木工程 | 主持《京报》 | 北京平民大学新闻系、国立法政大学 | 《新闻事业经营法》 |
| 5 | 谢六逸 | 日本早稻田大学东洋文学史 | 《立报》文艺副刊《言林》主编、《国民周刊》《趣味》周刊主编 | 复旦大学新闻系、申报新闻函授学校、国立社会教育学院新闻系、暨南大学新闻系、大夏大学新闻系 | 《实用新闻学》《国外新闻事业》《新闻储藏研究》 |
| 6 | 黄天鹏 | 日本早稻田大学新闻系硕士 | 在北平创刊《新闻学刊》并担任主编 | 复旦大学新闻系、上海沪江大学商学院新闻学科 | 《新闻文学概论》《中国新闻事业》《新闻学入门》《新闻学概要》 |
| 7 | 赵敏恒 | 美国科罗拉多大学文学院、密苏里大学新闻学院、哥伦比亚大学新闻学院攻读英国文学和新闻学，并获新闻学硕士学位 | 纽约环球通讯社编辑，后加入路透社。“九一八”事变后为美国国际新闻社、伦敦《每日电讯报》《朝日新闻》等供稿。1945年10月任《新闻报》总编辑 | 复旦大学新闻系、中央政治学校新闻系、暨南大学新闻系 | 《外人在华的新闻事业》 |

续表

| 序号 | 姓名 | 是否留学及留学国家 | 从业经历 | 从教经历 | 著作 |
|---|---|---|---|---|---|
| 8 | 周孝庵 | 无 | 历任上海时事新报馆记者、编辑、主编；主编《上海新闻报》“法律质疑”栏目 | 复旦大学新闻系、新闻大学函授科 | 《最新实验新闻学》 |
| 9 | 张友渔 | 1930年、1932年、1935年多次赴日学习新闻学、考察日本新闻事业 | 《世界日报》编辑、《大同晚报》总编辑、《国民晚报》社长、《泰晤士报》总编辑、《新华日报》社论委员 | 燕京大学新闻系、北平民国学院新闻系 | 《新闻之理论与现象》《日本新闻发达史》 |
| 10 | 袁殊 | 日本新闻专科学校、早稻田大学历史系 | 创办《文艺新闻》《译报》、新声通讯社记者 | 上海自修大学新闻专科 | 《记者道》《学校新闻讲话》《新闻大王赫斯特》《新闻法制论》（译） |
| 11 | 胡愈之 | 1928年法国巴黎大学攻读国际法 | 《东方杂志》编辑、创办《公理日报》、哈瓦斯通讯社远东分社中文部编辑主任、主编新加坡《南洋商报》 | | 《胡愈之出版文集》 |
| 12 | 储玉坤 | 留法 | 《新闻报》编辑、《文汇报》编辑、法国哈瓦斯通讯社中国分社编辑、《文汇报》总主笔、《申报》主笔、法国新闻社远东分社中文部主任 | 中国新闻专科学校、沪江大学新闻系、之江大学新闻系、致用大学新闻学系 | 《现代新闻学概论》 |
| 13 | 任白涛 | 日本早稻田大学政治经济学 | 创办中国新闻学社、《新湖北日报》总编辑 | | 《应用新闻学》《综合新闻学》 |
| 14 | 曹用先 | 美国密歇根大学① | 上海商务印书馆编辑所② | 大夏大学③ | 《新闻学》 |

① 毛彦文．往事［M］．北京：商务印书馆，2012：28．

② 雪林．一段值得介绍的婚姻（红藏·生活·第四卷第三十八期）［M］．湘潭：湘潭大学出版社，2014：435-437．

③ 毛彦文．往事［M］．北京：商务印书馆，2012：28．

续表

| 序号 | 姓名 | 是否留学及留学国家 | 从业经历 | 从教经历 | 著作 |
| --- | --- | --- | --- | --- | --- |
| 15 | 王文萱 | 留日① | 《经世日报》② | 国立社会教育学院新闻系③ | 《新闻概论》（译） |
| 16 | 伍超 | 留美“攻读新闻科”④ | | | 《新闻学大纲》 |
| 17 | 郭步陶 | 无 | 《申报》编辑、《新闻报》编辑主任兼主笔、《申报》（香港）、《星岛日报》编辑 | 复旦大学新闻系、《申报》新闻函授学校、中国新闻学院（香港）、新中国学院 | 《本国新闻事业》 |
| 18 | 任毕明⑤ | 无 | 《民国日报》《时报》《快报》主笔、《大众日报》总编辑 | 香港中华新闻学院 | 《战时新闻学》《评论学十讲》 |
| 19 | 赵君豪⑥ | 无 | 《申报》副总编辑 | 上海商学院新闻专修科、复旦大学新闻系、上海法政学院新闻专修科 | 《中国近代之报业》《上海报人的奋斗》 |

① 杉村广太郎．新闻概论·黄序［M］．王文萱，译．上海：联合书店，1930．

② 冯国定．忆萧一山先生［M］//中国人民政治协商会议北京市委员会文史资料研究委员会文史资料选编（第43辑），北京：北京出版社，1992：104．

③ 苏州大学社会教育学院．峥嵘岁月（第三集）［M］．北京、上海、南京、苏州校会．1991：229．

④ 伍超．新闻学大纲·自序［M］．上海：商务印书馆，1925．

⑤ 任毕明，原名任大任，生于1904年，广东鹤山人。1925年在广西梧州创办《民国日报》，曾任《时报》《快报》主笔，主持过香港的《大众日报》。参与创办香港中华新闻学院，并任教。著作有《龙虎集》《风云集》《社会大学》《新社会大学》《战时新闻学》和《评论学十讲》等。

⑥ 赵君豪（1900—？）江苏兴化人。报人。“五四时期”求学于上海交通大学，经常给著名的《民国日报》副刊《觉悟》投稿，并与时任《觉悟》编辑的邵力子讨论种种社会改造问题。毕业后进入《申报》馆工作，抗战后任《申报》副总编辑。1929、1942年两度兼任复旦大学新闻系编辑教授；1930年兼任上海法政学院新闻专修科教授，讲授采访学；曾任《申报》新闻函授学校教授。1944年10月在重庆出版《上海报人的奋斗》。

续表

| 序号 | 姓名 | 是否留学及留学国家 | 从业经历 | 从教经历 | 著作 |
|---|---|---|---|---|---|
| 20 | 杜绍文[①] | 无 | 杭州《民国日报》国际版编辑、《东南日报》《前线日报》主笔兼《新闻战线》周刊主编、《东南日报》总编辑、《文汇报》办公室主任 | 复旦大学新闻系 | 《新闻政策》《中国报人之路》《战时报学讲话》《国际新闻纵横谈》 |
| 21 | 胡道静[②] | 无 | 《万有文库》编辑、上海通志馆编修、《通报》《中美日报》《大晚报》等报记者、编辑、撰稿人 | 上海法政学院新闻专修科 | 《上海新闻事业之史的发展》 |
| 22 | 张静庐 | 无 | 创办上海杂志公司并出任总经理 | | 《中国的新闻记者与新闻纸》《中国近代出版史料》《中国现代出版史料》《中国出版史料》《在出版界二十年》 |
| 23 | 萨空了 | 无 | 《北京晚报》编辑记者、《世界日报》画刊编辑、《世界画报》总编辑、天津《大公报》艺术半月刊主编 | 民国学院新闻系、北京新闻专科学校 | 《科学的新闻学概论》 |

① 杜绍文（1909—？），又名杜超彬，广东澄海人。1927年入复旦大学中文学新闻组学习，1931年留校助教。后任杭州《民国日报》国际版编辑、资料室主任、浙江《东南日报》主笔。抗战期间主编浙江战时新闻学会会刊《战时记者》月刊,《国民日报》总编辑、社长；抗战胜利后任上海《前线日报》主笔兼《新闻战线》周刊主编。1946年至1951年间任复旦大学新闻系教授，1952年任上海《文汇报》记者、编委办公室主任。著有《新闻政策》《中国报人之路》《战时报学讲话》《国际新闻纵横谈》。

② 胡道静（1913—2003），安徽泾县人。1931年毕业于上海持志大学国语系。曾参加《万有文库》编辑和上海通志馆编修工作。“孤岛”时期坚守上海新闻界抗日宣传工作，任《通报》《中美日报》《大晚报》《密勒氏评论报》记者、编辑、撰稿人，同时在上海法政学院新闻专修科讲授新闻史课程，为共产党的抗日宣传培养新闻干部。1949年后历任中华书局上海编辑所编辑、上海人民出版社编审等。

续表

| 序号 | 姓名 | 是否留学及留学国家 | 从业经历 | 从教经历 | 著作 |
| --- | --- | --- | --- | --- | --- |
| 24 | 管照微① | | 复旦大学校刊编辑、1931年兼任上海新闻社记者 | 兰州大学经济系 | 编《新闻学论集》 |
| 25 | 项士元 | | | | |
| 26 | 蒋国珍 | 疑为《中国新闻发达史》的译者而非著者② | | | |
| 28 | 李公凡 | 不详 | | | |
| 27 | 鲁风 | 不详 | | | |
| 28 | 刘元钊 | 不详 | | | |

① 管照微，高中就读于上海立达学园，曾与王济深、刘仲达、唐旭之等先后组织了“时潮社”和“立达剧团”。后进入复旦大学新闻系学习，与伍梦窗、林楚君、向浦、徐之津等加入了复旦大学“左联”，并负责复旦大学的校刊编辑工作。1933年12月21日因宣传左翼思想被捕，后任教于兰州大学经济系。

② 虞文俊是东亚中国新闻史研究第一人。《中国新闻发达史》译者蒋国珍初考［J］. 新闻界，2015（15）.

**表2　书目**

| 序号 | 年份 | 书名 | 作者 | 备注 |
| --- | --- | --- | --- | --- |
| 1 | 1903 | 新闻学 | 〔日〕松本君平　著 | |
| 2 | 1913 | 实用新闻学 | 〔美〕休曼著　史青译 | |
| 3 | 1919.12 | 新闻学 | 徐宝璜[①]　著 | 北京大学新闻研究会讲稿 |
| 4 | 1922.11 | 应用新闻学 | 任白涛[②]　著 | |
| 5 | 1923.8 | 实际应用新闻学 | 邵振青　著 | 北京平民大学、国立法政大学讲义 |
| 6 | 1924.4 | 新闻事业 | 徐宝璜　胡愈之　著 | |
| 7 | 1924.6 | 新闻学总论 | 邵飘萍　著 | |
| 8 | 1925.1 | 新闻学大纲 | 伍超　著 | |
| 9 | 1925.2 | 新闻学撮要 | 戈公振[③]　编 | |
| 10 | 1927.9 | 中国新闻发达史 | 蒋国珍　著 | |
| 11 | 1927.11 | 中国报学史 | 戈公振　著 | |
| 12 | 1928.9 | 中国的新闻纸 | 张静庐　著 | |
| 13 | 1928.11 | 最新实验新闻学（上） | 周孝庵　著 | 复旦大学新闻系 |
| 14 | 1928.11 | 最新实验新闻学（下） | 周孝庵　著 | 复旦大学新闻系 |
| 15 | 1930.4 | 新闻事业经营法 | 吴定九　著 | |
| 16 | 1930.5 | 新闻概论 | 〔日〕杉村广太郎　著<br>王文萱　译 | |

① 徐宝璜，中国新闻学者、新闻教育家。1912年毕业于北京大学，后公费留美，于密歇根大学攻读经济学、新闻学。徐宝璜在美国密苏里大学受过系统的新闻学教育。

② 任白涛，笔名冷公、一碧，河南南阳人。1911年辛亥革命后，先后担任上海《民立报》《神州日报》《新闻报》驻河南特约通讯员，参加当地反袁活动。1916年留学日本，在早稻田大学攻读政治经济学，并加入了大日本新闻学会。

③ 戈公振所著的《中国报学史》最早由上海商务印书馆出版，是研究新闻学和我国新闻事业发展史的开山之作，国内外新闻界将之誉为中国首部新闻史学权威著作。任教上海国民大学期间，戈公振开始着手《中国报学史》一书的写作。在从事新闻工作之余，戈公振致力于新闻教育事业和新闻学研究工作，曾在上海国民大学、南方大学、大夏大学、复旦大学等校新闻系和杭州暑假报学讲习所讲授新闻学方面的课程，在新闻学研究上留下了许多著述。

续表

| 序号 | 年份 | 书名 | 作者 | 备注 |
| --- | --- | --- | --- | --- |
| 17 | 1930.8 | 中国新闻事业（上） | 黄天鹏① 著 | |
| 18 | 1930.8 | 中国新闻事业（下） | 黄天鹏 著 | |
| 19 | 1930.8 | 新闻纸研究 | 〔日〕后藤武男 著<br>俞康德 译述 | |
| 20 | 1930.9 | 浙江新闻史（上） | 项士元 编 | |
| 21 | 1930.9 | 浙江新闻史（下） | 项士元 编 | |
| 22 | 1932.7 | 学校新闻讲话 | 袁殊 著 | |
| 23 | 1932.8 | 外人在华的新闻事业 | 赵敏恒 著 | |
| 24 | 1933.4 | 新闻学入门 | 黄天鹏 著 | |
| 25 | 1933.10 | 新闻学论集 | 管照微 编 | 复旦新闻学会丛书 |
| 26 | 1935 | 实用新闻学（上） | 谢六逸② 编 | 申报新闻函授学校讲义之三 |
| 27 | 1935 | 实用新闻学（下） | 谢六逸 编 | 申报新闻函授学校讲义之三 |
| 28 | 1934.1 | 新闻学 | 曹用先 | |
| 29 | 1934.2 | 新闻学概要 | 黄天鹏 编 | 复旦大学讲义、上海沪江大学新闻学专修科 |
| 30 | 1935 | 上海新闻事业之史的发展 | 胡道静 著 | |
| 31 | 1936.5 | 新闻学讲话 | 刘元钊 编著 | |

① 黄天鹏，字天鹏，别号天庐。1927年1月，他创办了我国首个新闻学刊（1929年扩改为《报学月刊》）并任主编；他是我国新闻学术史上最早研究新闻学之产生及发展史的学者，是我国具有新闻学术史观的第一人。他于1923年就读于北京平民大学报学系，1929年留学日本,修业新研究所,旋入早稻田大学新闻系。归国后出版了《新闻文学概论》《中国新闻事业》《新闻学入门》《新闻学概要》等十余本新闻学专著。

② 谢六逸，中国现代新闻教育事业的奠基者之一。著名的作家、翻译家、教授。1917年以公费生身份赴日就读于早稻田大学。1922年毕业归国，入商务印书馆工作。后历任神州女校教务主任及暨南大学、复旦大学、大夏大学教授。1930年任复旦大学中文系主任，并创设了后来闻名海内外的复旦大学新闻系，任主任。

续表

| 序号 | 年份 | 书名 | 作者 | 备注 |
|---|---|---|---|---|
| 32 | 1936 | 本国新闻事业 | 郭步陶 编著 | 申报新闻函授学校讲义十一 |
| 33 | 1936.6 | 新闻之理论与现象 | 张友渔 著 | |
| 34 | 1936.11 | 记者道 | 袁殊 著 | |
| 35 | 1937.7 | 现代新闻学概论 | 储玉坤 著 | 国民党政府唯一指定大学新闻理论教科书 |
| 36 | 1938.7 | 战时新闻学 | 任毕明 著 | |
| 37 | 1938.9 | 中国近代之报业（上） | 赵君豪 著 | |
| 38 | 1938.9 | 中国近代之报业（下） | 赵君豪 著 | |
| 39 | 1938.10 | 基础新闻学 | 李公凡 著 | |
| 40 | 1939.7 | 中国报人之路 | 杜绍文 著 | |
| 41 | 1940.4 | 新闻学 | 戈公振 著 | 1932 年完稿，另有 1947 年版 |
| 42 | 1941 | 新闻学的基础知识（上） | 中美日报读讯会 编 | 中美日报读讯会实用新闻学讲义 |
| 43 | 1941 | 新闻学的基础知识（下） | 中美日报读讯会 编 | 中美日报读讯会实用新闻学讲义 |
| 44 | 1941.7 | 综合新闻学 1 | 任白涛 著 | |
| 45 | 1941.7 | 综合新闻学 2 | 任白涛 著 | |
| 46 | 1941.7 | 综合新闻学 3 | 任白涛 著 | |
| 47 | 1944.9 | 新闻学 | 鲁风 著 | 新中国自修学院约稿 |
| 48 | 1946.6 | 科学的新闻学概论 | 萨空了 著 | 另有 1945.3 出版的署名艾秋飚的版本 |
| 49 | 1946.11 | 新闻史上的新时代 | 胡道静 著 | |
| 50 | 1947.12 | 新闻学的理论与实际 | 〔英〕斯蒂德 著<br>王季深 吴饮冰 译 | 上海文化函授学校读本 |

# 記者道序

惲逸羣

在三年前的一個夏夜，上海霞飛路上的一個小小餐室裏，偶然地聚着幾個職業記者，從閒談之中發覺大家都有生活忙碌而缺乏進修機會的共同感想，於是互相約定每星期聚談一次，有時候無忌憚的分析時事，有時候無忌憚的探討集納理論，或批評任何一方面新聞紙上的言論編輯等等。這樣經過幾個月以後，又借得大美晚報的一角，每星期出版「記者座譚，」一直出到本年四月裏，我們既不願做別人的代言人，而大美晚報的環境、又不許了我們說自己要說的話，於是座談雖繼續舉行，刊物衹好暫時休息了。

懷雲君是座談同人中最熱心於集納運動的一員，他在百忙之中，幾乎每期都爲座談寫稿譯稿，我們——編輯委員會——在出版的前一晚，每逢到稿荒的時候，打一個電話通知他，他無論如何忙，不管一點鐘二點鐘甚而至於三點鐘回家，一定當晚爲座談寫稿或譯稿，到出版的一天早上一定有稿子送到報館。就是在他失去了自由之後，他還是儘可能的爲座談寫稿。他這樣努力於集納運動，使座談同人——尤其是我們幾個編委，非常感動和欽佩的。

現在，「記者座談」暫時休刊了，我們預備把九十期「座談」的文字，選輯出版。因爲大家都爲着生活忙碌，不能很快的出版，懷雲恢復自由之後，他首先把自己先後發表在「記者座談」的文章，輯成一本專集，題名爲「記者道」。兩個月前，他交給我校閱一遍，要我寫一篇序。我除了代他删去幾篇之外，爲着生活忙碌，序却一直沒有動筆寫。現在書快出版了，不能再延挨，而記者座談休刊到現在，也快要三個月了，我就趁此講一些新聞從業員當前應做的工作和應取的態度，以和從事集納運動的同志們商榷。

× × × × × ×

一個正確的新聞紙，牠要眞正能做到爲大衆的耳目，爲大衆的喉舌，記載眞實的大衆應該知道的事實，說大衆要說的話，但是一個報紙，還不是僅僅做到這樣爲止，就算完成了牠的使命，牠更應該積極地指導大衆，教育大衆，組織大衆。在當前的民族危機日益加深的時候，新聞從業員所負担的任務，無疑義地格外重大，但是我們究竟做了些什麼呢，有人說，新聞記者對震撼東亞的救亡運動，沒有做一點事，不！這是非常錯誤的，我們的新聞紙上，的確一次次記載過「暴徒」「受人利用」「不逞之徒」「擾亂治安」等等字眼，你說這些報紙是日本人辦的嗎？「滿洲國」辦的嗎？漢奸殷汝耕辦的嗎？不！他們都是澈頭澈尾的中國人，他們也懂得愛國，也知道要救國，在多數的從業員中間，一樣地熱血沸騰着，但是另外有一種力量，使他們不能不在紙面上說不近人情的話，使報紙變成麻醉大衆欺騙大衆的工具，使報紙的價值，等於鴉片，白面，紅丸！

我們對自己所投身的新聞事業，陷於這樣黑暗悲慘的泥淖裏，當然非常痛心，我們對自己所辛苦耕耘的園地，對自己辛苦採訪得來或親眼看到的真實消息，到報紙出版的時候，變成一塊空白，或是「銅招牌」等等的廣告，或是一大塊的黑方框之類，甚而至於會登出完全相反的消息——例如本年二月廿五日軍警圍攻復旦大學時，警長開槍不愼，打死一警士，有好幾位記者親眼看到，而報上却登載官方所公布的學生開槍——我們當然格外痛心，格外憤慨。但我們決不能僅僅表示痛心憤慨，我們一定要努力使我們投身的新聞事業，從黑暗的泥淳裹拯拔起來！否則我們這些新聞從業員，雖然以「環境所限」自寬其罪惡，或許人家也暫時以「限於環境」來原諒我們，在客觀上我們欺騙大衆麻醉大衆的罪惡，絕對不會減少於漢奸賣國賊。我們如其不願做民族罪人，我們一定要努力負起我們的責任來：

記載不欺騙讀者大衆的消息；

說不違背大衆利益的話；

儘量暴露敵人各種侵略方式下的陰謀；

嚴厲地批判欺騙大衆的漢奸理論；

儘量登載各地救亡運動的消息，並加以鼓勵指示。

這樣我們才能使報紙在當前的民族危機中盡了一部份應盡的使命，我們——新聞從業員，才能稍贖前愆。

要做到以上幾件事，當然先要爭回我們的「言論自由」權，而這個言論自由權，本來是我們——國家的主人翁所本來有的，我們不需要哀求什麼人賞給我們。以前的所以被人剝奪，完全是自甘放棄——或者有一極小部份可以說是出賣，如其我們不願放棄或不甘出賣，是沒有什麼人能夠有力量剝奪我們的言論自由權的。所以我們要獲得言論的自由，記載的自由，我們決不能也不必向政府機關請願，像去年上海市新聞記者公會平津新聞學會全國各大學新聞系新聞科的文電，無論他們的話，說得怎樣委宛動聽，說得怎樣振振有詞，結果都是「如石投海，」就連一點回響都沒有。由此，我們更應知道，就是我們請求而得到「網開一面，」也是「趙孟能貴，趙孟能賤之，」當局們今天能放鬆一步，明天就可收緊一丈。我們應該還記得去年十二月裏，中國國民黨第五屆中央執行委員會第一次全體會議中有五十餘個中委提議保障正當輿論，幾天之後國府煌煌明令通令各省市政府各機關遵照辦理，不幸得很，明令到上海的第二天，上海就禁止各報登載馬相伯先生等二百八十三人所簽名發表的救亡宣言，四五天後，又禁止登載上海市綢緞業木業書業金業等九十七同業公會所發表的保持領土主權完整宣言，簽名前者的人，包括銀行家，律師，著作家，文學家，大學教授，報紙雜誌的編輯等，簽署後者的團體，可以說包括整個上海的中小商人（祇有銀行業錢業航業三個公會沒有簽署，）而這許多團體，又都是在市黨部和社會局的指導之下組織成立的，誰能說這兩個宣言不是輿論？誰能說這兩個宣言不是正當輿論？爲什麼要禁止登載？是不是檢查機關，弁髦法令？我們這些「幼稚」的「沒有國家觀念」的記者們，固然莫測高深，就是「指導」我們訓練我們的新聞檢查機關，也沒有說出一個道理，（引號內是中央新聞檢查處主任賀衷寒先生對全國新聞記者的攷語。）在這種教訓下，我們還要請求什麼？就是你的請求得到憲恩准許以後，又能得什麼實際效果？

有人說，我們要言論自由，但是我們無權無勇，有什麼方法能得到言論自由呢？我們發宣言，打電報，要言論自由，可是有權有勇的當局，不許你自由言論，又有什麼有效的辦法？在去年上海市新聞記者公會秋季會員大會中討論「爭取言論自由記載自由以恢復報格案」時，有許多會員就是這樣地想，他用「我們雖不能爭得言論自由，我們不能不作這樣一個表示，以免外界的人，對記者不諒解」的態度來討論，而抹去了原提案中自己所能做到的具體步驟。自己先存着這種自餒的心，那裏還能爭取得什麼言論自由呢？

我們要明白如其把每一個人每一個很小的集團看作鬥爭的單位，我們當然渺小得很，如其我們作戰的單位是整個新聞界，我們能爭取全中國的新聞從業員和新聞事業的經營者都來參加我們的戰線，我們的力量就非常偉大，我們所要求的不是私人的利益，不是僅僅新聞界的利益，而是全民族的利益，數千萬的讀者大衆推而至於全國民衆，都是我們非常可靠的後盾，都是我們的非常可靠的友軍。

當局們無論那樣「不恤人言」，難道他能把一切不願出賣自由的報館都封起來？把一切不肯放棄個人對民族責任的報人都拘禁起來？我們都明白不會有這種情事，那末我們爲什麼不聯合起來，積極收囘我們的言論自由，記載自由呢？

祇要我們能聯合一致。聯合就是力量，聯合就可以戰勝一切困難！我們天天記載別人戰鬥的事蹟，難道自己不能從那裏得到一點教訓鼓起一點勇氣？

爲民族解放運動救亡運動盡力，要爭回報紙的言論自由權，這已是絕對大多數新聞從業員的呼聲，但是爲什麽不能滙集成廣大的集體，使這許多呼聲在事實上表現出來，主要的原因就是不能聯合，不能聯合，就不能發生力量，這是當然的事。

是不是我們不能聯合呢？有許多人以爲新聞界情形太複雜，某一些人我們不能去聯合他，某一些人他們又不肯和我們聯合，或者勉强聯合起來，反而對我們的工作有妨礙！我自已以前也有此傾向。在這種觀念下，所以活動的範圍，永久限於非常偏狹的幾個朋友中間！甚而至於在已經是極少數的朋友中間，還有時懷疑着别人沒有誠意，當然更談不到聯合成廣大的力量了。是不是新聞界的確不能聯合永久不能聯合呢？我可以說雖然聯合的工作相當困難，但是一定可以聯合的，以前的所以不能聯合，是我們的錯誤，是我們的幼稚。我們應該很艱苦忍耐地來克服當前的困難，糾正我們過去的錯誤和幼稚病。

存新聞事業從業員中間，決計不會有人願意做亡國奴，（雖然也有人喪心病狂的做漢奸，這是存着遲早要做亡國奴的心理，和在現在的統治底下做漢奸有保障的環境造成的，救亡運動一開展，決不會再有新的產生，舊的也不能立足。）就都可以聯合在一起。雖然有許多前輩先生平常很穩重，或許不肯站在前面積極負責，但是我們至少可以得到他們的同情，他們的贊助；有許多人，他們爲了個人的出處，作各種不同的活動，但是我們祗要能求得在救亡一點的聯合，我們並不需要苛求一切繁瑣細節。何況新聞從業員中間，除掉編輯外勤記者之外，還包括印刷發行各部份的職工，祗要我們能艱苦忍耐地說服他們，都能發生偉大的力量呢！總之，我們不怕難，不怕碰一兩次釘子，則聯合的工作，一定可在短期內完成。我記得去年十二月底發表「上海市新聞記者爲爭取言論自由宣言」的時候，我們徵求簽名的範圍，做得非常不普遍，我們因爲一兩個地方給人壁回（壁回的原因，也是因爲我們的方式不好，沒有充份找人討論，隨便寫一個條子去叫人簽字），就不肯再多徵求別人，在這七十三位簽名的記者中間，有幾位老先生，還是聽到了這件事在付印的時候，自己去加上去的。在上海三四百位新聞記者中間，最少有二百餘位在事前沒有知道這件事，有幾十位雖然有一些知道，而沒有人去徵求他們，所以簽名的祇有七十三位。如其我們能當作一件自己的事，不怕羞，不怕碰釘子，廣泛地徵求同業簽署，我想最少可以有三百人簽名。在這個宣言以後，我絕沒有聽到同業中有不表同情或不必發表的表示，這就是很好的實例。

對新聞業的經營者，他們爲了企業的財產，爲了個人的地位，當然要他們站在最前線去鬥爭，是不可能的，但是在從業員一致起來之時候，多數讀者的要求之下，他們是一定樂於掙脫束縛，而使報紙恢復生氣的！

總之，祇要我們有決心，肯努力，在一致的要求下，新聞界的聯合陣線的建立，絕對不是沒有可能，或可能性很小的事。

一切從事集納運動的人們，負起我們的責任來吧！這就是當前最重要的「記者道」啞！

一九三六，七，二三。

# 記者道

## 職業與學術的修養

## 新聞道德風紀

## 人事記



## 集納雜鈔

# 職業與學術的修養

## 在『座談』席上

『記者座談』這一名稱，正如其名所示，並不是一種刊物的名稱。這是先有了座談的集合，然後才有這特刊的出版的。所謂『座談』並不有什麽特殊的嚴重的意味；因爲我們這一羣，都是職業的新聞記者，在目前這樣的經濟生活與物質生活兩都貧困的現實環境中，爲了要忠於自己的社會行爲（忠於自己的職業），常是主觀的或客觀的囚役在一種潛藏的苦惱裏，這苦惱有時警惕了我們的自省，有時却也能頹喪我們的精神，在時代艱難的大道上，恰似被夾擊在光明與黑暗的中間。

這樣，使我們會因循的走向於那兩個可能的結果上去，（一）是不知所從，悠然地把時間躊躇着過去；（二）是不求所從，把日子虛擲在浪費裏渡過。於是在生活上也形成兩種現象，即

(一)沉淪在社會的奸詐的競存中，學習着甚至實際的做着一些爲自己打算的種種投機取巧的勾當，而拍賣了職業的人格！(二)則是消失了對前途求進取的勇氣，自甘的忽略了新聞記者在社會上的任務——職業的神聖與尊嚴。而這最後的結果，更是無須細道的。

我們這一羣，都是懷着這苦惱的。在閑暇的時候，大家遇着了，不是說『今天眞是熱呀！』便是從要人的訪問記而說『沒有辦法，做亡國奴也罷』；那種可驚的悲憤消極的自嘲。雖然有時也發牢騷，有時也駡人，但有時彼此又似乎很生疏的樣子，除了『今天眞是熱呀』之外，却默然無言可道了。都拘束自己，幷且壓抑自己。再不然，因爲新聞競爭或是別的什麼緣故，大家互相猜忌，卽使彼此都有殷勤的愛好的心意，也就不得不言不由衷的，作着虛僞的交驩。所謂苦惱，便由此而更深刻。在成型了的人們，這是用不着追咎的；他們已將奸詐陰惡，變成了圓熟的世故，像這樣的苦惱，易於消失。然而在我們，終是難於永久拘束和抑制的，因爲我們不僅尙『未成』型，而且我們在年齡上都還少壯！所以也每每聽到一些疑問：

『爲什麽我們生活不能活躍起來呢？』

這一問語，代表着一種情緒的要求，細味眞意，要『活躍起來，』至少是有些厭於跳舞與賭麻雀；至少是在不安的週遭之內，要尋求那如上述之苦惱的慰安；——要求對於環境事物的，更眞切的埋解；要求對於新聞從業之社會地位的更明確的佔價。換言之，也卽是要求精神貧困的救濟，要求生活與職業之『知』與『行』的統一及充實。——

最先，祇是三兩個人的交談，漸漸地同行友伴的互諒深厚了，人也增多了。於是，爲要『活躍起來，』便有了座談的集合了。如果這裏要用一個適宜的說明的話則：記者座談，是新聞從業員，（包函新聞社內外勤、內勤、印刷、經營各部門的人員）在日前這樣現實的環境中，建立起來的一種職業同人自己的生活教養的環境。

簡單的說『生活教養，』也許不足以詮其全義。但因爲這是不採取組織形式的，故也說不出個可以動聽聞的稱謂。然而『生活』云者，涵養本很廣泛，思想與行爲，自是佔着主要的部份。三句話不能離本行，卽如我們是新聞從業員，則我們對自己生活的教養，那被作爲我們座談探討的，除對於時事的理解以外，主要的當然還是關於新聞的一切學理智能技術的研究與習得。過去已經有好幾個月的經驗了，僅僅是在星期日的夜會的座談，每感到零亂，許多談過的話，沒有紀錄，似覺可惜；也許要談的問題，在熱鬧與匆忙的時間裏，也每感言不盡意之處；於是又由座談進而感到刊物的需要了。大美晚報努力於文化報導的工作，成全了我們的這一企望，到今天，就在刊物上開始和先輩同業者及讀者們見面了。

應當表白的，就是上述的一切。現在我們要求的不是斜視的色盲！反之，座談並非組織，我們歡迎一切的同情的友侶。雖然黑暗與光明，存在於世界的同一時與空的兩端，然而在汚濁惡潮中泅浮的新聞記者，是要於一切的人們，有最先的去拓殖航道的勇敢與犧牲的。我們第一首要的，是有識與有能，苦惱必從此而克服；爲實踐的貫澈記者職業地位之神聖與尊嚴，在我們這一羣，是必從自我的生活教養而開始。（代『記者座談』週刊發刊獻詞。）

# 集納學術研究的發端

記者座談會集合的動機在這週刊的第一期裏有兩篇文字，作過具體的申述。綜其大義，祇是求新聞同道間從友誼的交驩，來互相增長生活的教養，而至集納學術的研究。在座談的會合裏，我們可以舉杯求微醉，談說上下古今，甚至自訴其身經的最得意的事，獲取友輩間的笑樂，或者是把個人的生活或職業的最惡劣的遭遇，公開出來，也好使友輩間分嚐悽苦之情。至於說到集納學術的研究，自然是要集中的在這週刊上來表現的。

現在這週刊已經出版了三期了，檢閱過去的內容，雖然尙不是批判的時候，可是，（一）在大衆語問題成爲目前中國文化界中心課題的現在，已經切實的提出了新聞用語與新聞用字的意見。（二）在日蘇關係緊張到千鈞一髮的現在，也已經介紹日本記者從前在戰時活動的史實，足以作爲我們爲準備應付未來事變的參考。這都可以說是針對着環境的自然，我們對這刊物的期望，並不以此爲滿足。可是，廣泛的所謂『集納學術的研究』這一自矢的願望，如何使其十分充實的踐行起來呢？這就是我們對這刊物的內容，應該有一個普遍徵稿的規劃。

集納學（新聞學）實在是很淺近的一種實驗的學術；既不如哲學那樣的玄奧，也不如數理那樣的深邃。雖然在整個中國的學術界裏，所佔的歷史和地位很幼小，但我們現在要做與可能做到的，是：

一、過去中國新聞學著作的簡略介紹與批評，求一個新階段的清算。許多關於新聞學的原則理論的闡述，和簡要史實的評定；已經有過的，無須再爲重複了。

二、對於現在國內新聞學，新聞教育和新新聞事業，作很普遍週到的檢討。（一）如訪問成名的新聞學者，詢取他們的新的意見和新的著述。（二）如全國所有新聞教育機關的調查介紹，觀測新聞教育進展的現況。（這一點，特別歡迎各地新聞學校或各大學新聞科的教師和學生們的來稿）。（三）如記錄國內有名的新聞事業家，其在事業上之成就及今後的方針，而研究今後中國新聞事業發展的進路。我們特別要求各地同業，供給地方新聞業的新史料。

三、加强對於新聞工程，機械、印刷、製版、攝影、造紙、發行、新聞航空、新聞電報等實際問題的技術的理論的研究，歡迎專門家和工友們的來稿。

四、提高新聞批判的任務。（一）如黃色新聞的檢討；（二）如新聞責任與信用的估價；（三）如不當商業廣告的檢舉（四）如外勤採訪競爭問題（五）如編輯理論與技術的檢討與發揮（六）如通訊社複雜存在的問題，以及通訊社的工作的評價。（七）如小報之存在及其趨勢的考察。

五、廣泛的介紹世界各國的新聞事業的現況，各國新聞事業家與學者的傳述，及各國集納學文獻的收集介紹及批評。

六、有系統的對各國在華新聞事業（報館與通訊社）作調查及評價。

七、鼓勵並宣傳一切新的新聞學理和新聞機械技術的發見和發明。

八、其他。

上面列舉的這些，容或尚有不盡的。雖然，我們這很有限的園地，難能容納篇幅較長的文字，但把這些列舉出來的項目，作爲我們集納學術研究的綱要，那不是沒有意義的。不僅是對上海參加座談會的同仁，即未參加座談的，及各地的同業，都是以直率坦白的誠願，希望都踴躍的共向此道開拓，把生活，職業與學術打成一片。我們更期願各地同業也能定期舉行座談的會合，使新聞記者們的生活集團化，職業與學術的匯合的邁進，來充實和推進中國的新聞事業。在民族瀕於滅亡的危機中，當然不致有一個否認這意義的人吧。

# 誰是時代的解剖者

『新聞是社會的縮繪，』這是一般人對新聞品質存在的認識。但隨於這品質之存在而發生的，新聞的任務，則是報導與批判二者之同時的實踐。這種新聞學理論最原則的要領，到現在幾乎普遍的成爲每種新聞學文字中的慣調了。我們在今日的課題，不是要對這原則要領來尋求新的沽定，而是要在今日的政治狀態與社會狀態之下，如何來遂行眞實的報導與批判?

由於經濟制度與社會組織的不合理，現在的新聞未能充分完成牠的任務；甚至相反的以新聞爲掩飾與欺瞞的工具，愚弄着讀者，使在混沌中加深了大衆生活的苦惱，構成所謂資本主義文明的罪惡，無論中外，很早就有不盡指摘的事實了。用庸俗的話說吧，良心主義的新聞記者，對這現象是憤慨不安的。所以我們現在可以看到許多的記者們，在其職業本份的工作以外，有許多更値得欣頌的努力。就是說：爲了職業，他們常被動的誣蔑自己又欺騙社會，可是爲了『良心』（社會大衆所期待要求的）他們不得不在職業的工作以外，來作一些職業範圍裏所不能完全做到的事。所以新聞記者業餘的著作，往往比較他正式發表在報紙上的評論或通訊，更受讀者的歡迎。

在日本，有一個稱爲『純正Journalist 同盟』的組織，完全是職業的新聞記者所組織的，雖然不詳細知道這團體的內容；但在『Journalist』之上冠以『純正』，這可以顯明的使人領會到：Journalist 很多是不純正的！這個同盟，發行了一種月刊同人雜誌，題名爲『解剖時代』，每月按照一月來內外大事，作各種具體的敍述與分析。其中各種文字內容，很多都是一般報紙所不易見的材料。其『卷頭言』與『政治述評』皆不署名，而各單篇文字，也大都是化名發表。還有許多時事拾零新聞趣話。他們的態度，詳言於刊在每期篇首的 Statemen 裏，題作『我們的主張』，附爲介紹於下：

『新聞紙所具有的社會的力量；既已日日增大；大新聞已至如擁有威力之大君主。此種新聞所特有的社會的威力，公示個人的事實於一般社會，供給忠實的材料，以備社會之注意，判斷與評價。由此新聞乃作爲社會之公器，輿論之代表，而築基了今日的地位。

『可是翻開現在新聞紙之實際內容來看吧：與新聞之唯一使命與社會性之根據，——率直公開報告事實的眞相。——是日見遠離了。現在新聞的經營，也非成爲資本主義的生產組織不可；新聞已非視爲商品而製作，及作爲商品而發賣不可。至此發生了新聞之社會性與商品的矛盾。成爲商品的新聞，從深入的事實的報道，求取社會批判，而至傾力於多數人所嬉閱的 News 的速報。而對於此種 News 的搜集，則以挑撥讀者大衆之好奇心爲其中心目標完全墮於迎投讀者嗜好卑俗的商品製作的心意。幷且，所有新聞社，都以經營上之營業方面爲主，由於資本與廣告的關係，乃不得不藏身於政黨閥及財閥的支配之下。因爲新聞紙商品化了，結果是對握有支配力量的財閥政黨等，盡其卑屈小心庸俗淺簿之極致！完全成爲一部分支配階級的所有物。

『這等於置 Journalism 於死境！所以，流俗 Journalism 當然成爲多數的存在了。

『我們不能相容於爲新聞經營之新開紙的商品化，爲新聞記者的良心正燃起了不滿的烽焰。我們要廢止以興味本位的 News 而熱望提供眞正爲社會一般所注意、判斷、評價，批判的資料。

『這種良心與熱忱，就是『流俗 Journalism 之捨棄』與『純正 Journalism 之興起』的叫聲。這樣，由於新聞記者的良心，誕生了這純正 Journalist 同盟並支援「解剖時代」之刊行。

『純正 Journalist 同盟，雖然幼小，但要以其全力使瀕死的 Journalism 發生社會之根本的動機。以公示眞相，追求事件之眞實的原因，保持成爲社會之公器及輿論代表者的 Journalism 的權威爲使命。

『今後，這新聞記者的『良心』同盟廢除卑俗，淺薄的劣性，對各方以無畏的大胆，直率，銳利的筆，解剖並公示時事問題的核心。開始這個努力的活動。

『當本同盟宣告誕生的同時，以復歸 Journalism 之本道，爲唯一的特殊的任務，請援助我們的活動。』

根據這種的聲訴，我們可以對新聞記者之社會的使命，加一個新名稱的說明，就是有『良心』的記者們，他必要充實他自己的性能學識及操守的修養，準備作一個『時代的解剖者！』在歷史進程中的現在。

日本新聞記者，這種『良心』的集納運動，我們先可不必追究其實際的成績；但這自動的覺醒，確是値得在此介紹。然而在我們自處的中國的環境及記者活動又怎樣呢？一樣的，社會是更迫切的在要求『時代解剖者』的努力。無冕帝王雖有筆如刀，但更要知道刀的出處，眼前的時代，不正是一具陳屍嗎。

# 『沒有題目』的問題

這個座談週刊，最初發刊的時候，我們似乎都有一點小小的願望：鼓勵着自己，多從事一點新的學理的探求。可是到現在，似乎感到這願望沒有被充分的實現。一到了星期四的下午，和星期五的上午，每次都好像有些稿荒這不能不使我要考慮到這現象的原因了。——是我們的思慮已經枯竭了嗎？這推想當然是不合理的。而且，如果這推想被公開承認的話，那竟然是我們對自己的誣蔑！反之正因爲我們的思慮是太複雜了，以新聞界的實況，配合着國際與中國的變動乃至反映在文化上的結果來說，則可以作爲我們討論的問題，也實在太多了。所以，反而這找不到主題有無從談起之難。所以，這小小週刊的稿荒實在也反映了中國集納學的荒蕪。是證明了我們對於自己的志願，沒有一個共同的積極性去要求志願的實現。所以，常聽說，要作文章，『沒有題目』，其實題目都在這樣的情緒下逃亡了。沒有題目的文章，永遠存在着廣大的有意義的文章材料。

說到如何捉住文章題目的問題，在我們在職記者的實際生活中，實在沒有困難。一個活躍的集納人，並不是唯恐天下不亂，方才可以有他職業的任務；就是在萬象昇平的時候：社會沒有事變，沒有新聞可被努力採訪的時候，（事實上這種時候是僅少有的，姑且作如是說。）他也得運用他的巧思與敏腕，去搜求一件沒有新聞的新聞，而滿足他在職業下的要求的。何況我們現在所處的是一個空前的『亂世』呢？在亂世，記者們的社會任務是加强了的，他的職業生活是更繁忙的。但是在繁忙中他如果對於技能、學業、生活環境等等，偶爾感覺或發現了些微的『不夠』時，那不是客觀的鼓勵了他的進取嗎？從所習所作，到應習應作，這技能、學業、生活，環境等等的『萬一的些微的不夠』，就該都是我們的複雜思慮，該都是我們作文的題目，也都是這週刊所期待的種子，和讀者要讀閱的作品。

我們現在都很忙，這不能否認。不能夠專心力以從事有系統的研究，不能夠廣大徵集國外報章雜誌來作點介紹的工作，這都是事實。但是把日常的一切的親身感遇，作一些記錄，和發表一點意見，則確是完全可能的事。我這樣說，好像是要大家都來寫身邊雜事的意思，像文學家那樣，你寫你愛上了某一絕色佳麗，結果失戀悲哀；我也寫我怎樣對深秋菊蟹的悵惘，似不免墮於無聊。是的，文學家以個人的私生活為中心的寫身過雜事那樣作品，對讀者是萬分无聊的。但是，如你我作記者的人，以職業生活來記錄日常觀感，則是有意義的事。譬如今天我們訪問某政治要人，他敷衍了我們的詢問，使我們憤慨或者煩悶，我們不妨寫一點雜感來解解愁。又加，有一個記者在南京藏本失蹤的消息傳到上海來的當天，他忽然寫一條消息，說他在虹口看見了藏本，事後他的消息被證實了不確的時候，他又將責任往別人身上推，這類不忠實的工作態度，不是也可以避免了人身的攻擊，來給他一個幽默當警告嗎！這例子是不勝其舉的。尤以後者這種批判的工作，在現在更重要。

## 記者節的『大處着眼』

時常把握着一切，不要消極的『忘我』願望是在繁忙中，展開實現的前途。不要說忙，忙是取進與成功的路。集納學是職業記者，活躍的生活的學問。我們要向說沒有題目的人要文章。

在這裏看報，原祇能看到隔一天的報紙的。可是，現在因爲要出版壁報的的緣故，可以看到當天的報了。——原來去年杭州記者所發起的九一記者節，今天是第一屆的紀念日。

武漢日報的社評和短評，都是紀念這記者節的。在社評中有云：『……然報紙以啓迪民智爲職志，今日報紙之不能廣擴，或亦由於我儕記者不能引起民衆閱讀報紙之興趣，此吾人首應自勉，以期與東西各國比並者也。』及後又有云『新聞之例曰。「有聞必錄。」苟如是也，則報紙將成一篇流水賬，其作用蓋寡。吾人認爲新聞必須有決擇，而此決擇之標準，當以淸眞雅正爲歸。世有專以桃色新聞，迎合社會低級興趣者矣；有專載槍殺盜淫，成爲專版者矣！報紙之爲物，固不必隱惡揚善，然苟以閱者讀之得一不良印像，甚至導於歧途，要非辦報之原旨。……報紙之目標，當以民族及國家之幸福爲準，而不可專局於一地一人一事之微。也有藉攻奸隱私以事要挾者，是堂堂報紙爲一人一事而設，而記者遂爲『三不纏』之一，其可恥甚矣！如此輩者，當摒諸記者以外。……言論自由，美名也。然報紙之言論，實不能輕發。昔人評時文，謂爲人人所欲言，而又不能言者。報紙之言論，蓋亦如是；並不以矜奇立異爲高，要以民意爲歸。

羣衆之所欲言，而不能具體說明者，我爲言之。關係羣衆最切，而羣衆不能覺察，或雖覺察而不洞澈者，我爲言之。此記者所以代表輿論而引導輿論者也。苟能如是，將爲民衆所仰戴，無冕之王，庶幾無媿。』

像這樣的新聞記者的自我批判，是可認爲有夫子自道之大勇的。文中所說的壞的方面的情形，在武漢地方據很多人說，都是極普遍的。（我也曾會到過這種敗類記者，親自洋洋得意的敍說那無恥的經過。）被目爲所謂『三不纏』的，是記者的無德而那所謂『局於一地一人一事之微』者，該是記者的無智與無能吧？

這評文結論的意思，是說無冕帝王的地位，是要奠定於『民衆所仰戴』之上的。這就是同日該報短評所談的『提高記者地位』的問題。云『……我國記者，究居何等地位，實未便妄作估計，惟與先進各國記者較，瞠乎其後，此則無可諱言者。』關於記者地位，這樣空洞的說，似乎太不夠；沒有指出記者地位之形成的社會的背景的原因。雖然接着說：『考其原因，本身未能自謀長進者，固居其半；環境未能容許其作長足之進展者，亦未嘗不居其半。』雖然是已經表現了很大的自己的醒覺，但是仍然沒有積極的提出什麼建設的意見。讀了這兩篇評文，心中總於閱後遺留了些不愜意。

自然，就『記者節』來說，注要的意義，是在記者的團結或組織的問題。記者節，是去年杭州的記者所發起的，發起的根據是什麼？為什麼要訂在九月一日這一天？都記不得是否有詳細的說明。但發起之後，並沒有得到全國新聞界之一致的公認，却是事實。這記者節究竟的意義在那裏呢？我希望看到一篇具體的文章。

上面是九月一日的日記，總算表示了個人對於記者節的紀念。二日的日記，又記有：

今天武漢日報又有繼續闡述昨天記者節社評意義的社評，意以曾國藩的遺教，為其發揮的根據。題曰：『大處着眼』，又小題謂：『曾文正之言正為吾儕說法』。曾言云何？即『大處着眼，小處着手』；及『少大言而多條理，有操守而無官氣』云云。前者，是一種工作態度的典範；後者是一種做人方法及觀人標準的箴言。社評之最後結論謂：『新聞界同人皆有言論之責者也。倘不能行曾文正『大處着眼』之言，則所指導社會，勵冀政府者，將日趨於細者近者，是使國家民族淪於淺薄之域而不自知也。此其關係之大爲何如者。本報昨日所陳兩義，皆今日根本之務，遠大之端。文中又譬不良之例，以申警惕，要皆「大處着眼」之意也。故今更敷陳曾文正之言行，願我新聞界同人儀型如此。……曾文正逝世之年，正申報創辦之歲，中國言論界之具體產生實自此始。而文正竟不能稍待不及見之。吾儕今日紀念言論界之今辰，而乞言於文正，良有無窮之感嘆矣。』

我以爲曾文正之言，祇可作爲一般社會人之立身行世的修養目標和方法；以之耑以語於記者，則太不夠。記者與一般人的不同處，就是要於具備了一般人所有的學智以外，還更具備有屬於他的職守的性能。至於社評中最後數言，竟似奉曾文正爲言論界之大宗，更似乎牽强得太離奇了，無論從那一方面來認識或研究曾國藩，都可以有其相當的意義的：唯以曾之言行爲今日記者輩的儀型之訓，總不免有些風馬牛！不過，那社評中歷數曾氏練湘軍以勦太平軍的往事，其意另有所涵；當然也不須加以詰論的了。

再說曾文正之『有操守』之言，看看現在一切現實的情形，僅就記者之輩而言，實在有令人不勝感嘆的。僅僅『有操守』三字，實包括『禮義廉恥』四大要義，力勉今人師法曾文正公，當然有他無窮的深意！祇可注意的是，人們可以奉行於恪遵命令的紀律，却最易迅忘於積習的。所以，有時候聲嘶力竭的呼喊，反多成過耳的空談，經過了多少思想文化上的變革，到今天還要以曾文正之言來爲訓於新聞記者，怎能不使人與世末之嘆惜？

把上面兩天的日記抄錄完了，又看到九月二日大公報關於記者節的短評，文云：『因爲民國念二年九月一日，國府曾令行政院轉飭內政軍政兩部通令所屬，保護從事新聞事業人員，維護輿論機關，第二年八月，便由杭州記者公會發起，定九月一日爲記者節，請全國同業一致慶祝，昨天有許多地方報館休業，正是爲此，我以爲保護新聞記者，維護輿論機關，乃是政府應辦的事，此而需要下令，則政府之爲政府可知，有了明令，仍然……，則輿論之爲輿論又可知，所以我們與其停刊紀念，還不如積極的要求解放言論，作有效的維護！』我對於這意見是同情的，因爲牠具體的表現了『大處着眼』的精神。自然，所謂『作有效的維護』者，先必要從自身作起，那『不良之例』消滅了沒有？記者們操守如何呢？這到是在紀念記者節之前，着先應自行檢討的。

# 報人非『自然人』辯

三十六期記者座談載君來函，提出如下的一個問題——

『每一本新聞學的書籍上，都異口同聲地說「新聞記者是個公正純潔的自然人，他的地位，在社會上是超越的；在精神上是獨立的；在記載上是客觀的。」這語可靠嗎？』

對於這一問題，單純的從抽象的學理的見地來說，我們認爲問題並不在可靠與不可靠。而是關於新聞記者之社會的職業地位，以這樣的解釋來規範他，是否正確？和以這樣的形容，是否得當？並且，在現在實際的社會情況和今日新聞與新聞記者之在社會上的實際存在的情況，是否已能與這樣的解釋或形容相符？

首先，我們認爲每一本新聞學書籍上，都異口同聲的那樣的說法，姑無論其字句與措詞，各各有若干的不同；但那樣的說法，總是過於空泛，失之精確。當然我們緊接下提出實際情況是否相符的具體的追問，則又似不是每一本新聞學書籍，都曾具體的提出過或闡述過。（慚愧得很，我們國內出版所有的新聞學書籍是如此的珍少！）

第一，所謂『公正純潔的自然人』，這話似有語病，可以使人誤解到新聞記者是個冷眼觀望人間的『超人』。——因爲自有人類歷史以來，除了原始時代的生活以外，人類有了經濟文化的生活，就有一切不公正，不純潔，不自然的等等事象發生。[illegible]近代人類生活經濟的機構，特別的複雜發展，文化的現象，特別的分歧差異，個人與個人之間羣層與羣層之間，一切生活上所表現的思想與行爲的形態，即使是在最微小的處所，都難能有完全的一致；從個人到羣層，都有功利是非的不同。因爲功利的觀點與要求的不統一，因爲是非的判斷沒有萬人臣服的標準；所以到處有紛爭。紛爭範圍擴大了，就有流血有殘酷的犧牲；紛爭範圍較小的，有到法院打官司而訴之法律的解決；甚至有毆鬥而要到茶樓酒館去講和的。這樣所表現的種種，都可說是反公正，反純潔，反自然的現象。然而，除了超人的神以外，每一個呼吸在現實生活裏的社會人，任誰都沒有脫離接觸這是非功利的可能，任誰都有有叛於空泛抽象的所謂公正，純潔，自然的生活意識。比如，最近歐洲國際形勢，緊張得和第一次世界大戰戰前的情況相彷彿，當一個新聞記者探訪或報告這種事象的消息的時候，他的潛意識裏，不能不有經過客觀的表現而發生主觀的判斷的。潛意識必將無形的在他的行爲上起作用，而充實他工作的力量，卽如一個德國『納粹』的記者，他必與奮於第三帝國光榮之復興，而努力於報導的工作；同時他必將那興奮的情緒，發揮於報導的鼓動上。反之，一個法國的記者呢，他也必於探訪或報導此類消息的時候，激起歷史上法蘭西人仇德的舊憤。而一個進步思想的記者，則他必跨過國家民族的立場，而從反對戰爭的態度，求作報導精神的基礎的。這種現象，又豈是所謂『公正，純潔，自然』嗎？我們是可以無論擧任何一種實際工作的[illegible]分析的。所以，

第二，大以國家論，國家有國家各個不相律同的新聞政策，小以集團論，政黨有政黨各個不相律同的新聞政策。意大利與德國的新聞政策不同於蘇俄的新聞政策，而意德的新聞政策也不完全相同；而同時，資產階級的政黨與無產階級政黨也都各有其新聞政策，這些種種，我們還能夠說，『在社會上是超越的，在精神上是獨立的，在記載上是客觀的』嗎？試問，一個

新聞記者，不是國家社會的零餘者，他將從何而『超越？』他又如何能夠離棄個人的思想意識，（這是精神的源流）而『客觀？』那樣簡略的說『獨立，』事實上恐怕是『孤立』吧？然而，一個新聞記者，是絕對沒有可能從活動變化的社會羣層中而孤立的呀！那末

第三，我們的結論是什麽？分別的說來，應該是——

（一）我們認爲人類是一體的，然而民族的習性與社會制度的組織則沒有統一的一體化；（有否這樣的前途，是另一問題。）尤其在這樣的社會組織下的新聞經營私有制的情形下，整個報社或個別個人，受賄賂受收買的事，到處公然風行。受廣告主的控制的現象也普遍化。所以，新聞記者受環境的壓迫，或者被壓迫而要改造環境，兩者都談不上字面上的抽象的『有公正純潔』。一幅白紙寫紅字或者寫黑字都可以，白紙寫白字則難能。

（二）這樣說來，豈是新聞記者就完全是隨波逐流的附庸者嗎？不。職業的精神是可能有的，客觀記載的態度也是可能有的，但須把握着一個基準，就是眞理。凡依從眞理的，而後有眞正的客觀。眞理又是什麽呢？

這是一個平凡的問題。試作解釋，眞理當是一種事實及由事實所產生的理想。但是好像法西士義者宣傳民族國家主義是眞理，而共產主義者，認爲共產社會主義是眞理，那不是眞理也在混淆著的嗎？；是的但混淆儘管混淆，宣傳也好，認爲也好，好在我們是一個接觸現實生活之各方面的報人（新聞記者），我們儘可以從純正的觀察與遭遇中經過批判的來接受一種觀念意識而產生一個不是屬於一己的行爲態度。可以不參加政黨，然而不能對政黨不認識比較和批評在矛盾的事象中求統一的認識，眞理是絕對的。新聞記者，把握住了眞理，卽使形式上是不超越，不獨立，不客觀，（形式上的超越，獨立與客觀是多麽淺薄和可卑！）而實際的精神，則確確實實的超越了，是對功利是非，世俗紛爭獨立了，也客觀了。然而這仍然祇是一個社會人，『而非自然化的素人』，我們不必作無謂的空泛的名份之討論。眞正報人人格的建立，和社會地位的奠定，是在以眞理爲基礎。不必向書本裏去探討『可靠』與否，要從實際的日常的報導工作中，多方努力磨練自己，去求取眞理的獲得。這是我個人的意見。

# 保障記者的職業地位

## 一、法律關係的問題

新聞記者之欲從事行使其職務，必須是要加入某一有組織的新聞社的。在此種場合，則規定新聞社（事業主）與新聞記者之間的法律關係，必是依從下列三種法律的規定的。即：

（一）新聞社與新聞記者之個別的雇傭契約；

（二）新聞社主的團體與新聞記者的團體之間的所謂賃率契約；

（三）新聞記者法。

以上三種，都是對於新聞記者之職業地位，加以保障。日本的新聞事業，雖然夙稱發達，但是亦尚未制定特別的新聞記者法。新聞社對於新聞記者任用，也未實行締結賃率契約。關於雇傭契約，也祇是依於民法之一般規定而個別締結的。各大新聞社都在其各自之社內規則，規定從業員之雇傭與解雇及其他的事項，所有入社者，當然祇有服從於此。然從新聞記者之職務的特殊性看來，新聞記者法之制定，無論任何國家都有必要。

## 二、職業契約的問題

新聞記者之服役於共公的任務，在已獲得了社會上之重要的職業地位的今日，爲保障新聞記者之地位，而設立其法律制度，這是當然的需要。新聞記者，在由於新聞事業之讓渡或其他的理由，於其事業主或發行者變更了方針的場合，至此屬於該新聞社之記者，如不欲變更從來之態度而趨迎新的方針的時候，則除退社以外，無其他之途徑可走。如有此種現象的發生，對於服役於公共的任務之精神的勞働者的新聞記者，其經濟上之地位，與言論上之自由活動，殊不能確保。爲圖避免此種現象，取得確實的保障，則祇有制定新聞記者法，及實行締結新聞事業主或發行者之團體與新聞記者之團體之間的賃率契約。

近年來各國實行此種保障制度的很多，例如瑞士，在一九一九年對發行者與記者之間的法律關係，成立了瑞士發行者協會與瑞士新聞同盟之間的賃率契約（一九二三年追訂）。德國在一九二六年，也成立了德國新聞業者協會，與德國新聞記者協會之間的賃率契約。又，澳大利在一九二〇年南斯拉夫在一九二六年也都先後制定了新聞記者法。澳大利於一九二〇年二月一一日公佈的法律，是從法律之適用範圍，勞勞契約，新聞事業之讓渡與廢止，政治意見之變更等之始末及經過而規定成立的。南斯拉夫於一九二六年九月二八日以國家社會部的命令公布的新聞記者法，也是從新聞記者及新聞社持主新聞記者之養老及殘廢，保險等，規定其經過及始終而製成了的。

依於此等勞働法之法規或規約，對於新聞記者之地位，是遠比依於個別的雇傭契約更得到確保的實效的。卽新聞社之根本的方針，縱令是由事業主執其決釋之權，但在其方針之範圍以內，記者之發表意見，仍得不受拘束；若是由於事業之讓渡或其他的理由，而變更新聞社之方針的時候，記者亦可得經濟上有利的條件之下，舉行退社。

三、德國新聞勞働協約

德國新聞記者協會，自一九二一年發表起草了的新聞記者法案以來，雖得到政府的贊成，但終未成爲法律。到一九二六年六月九日，德國新聞記者協會，與上稱的德國新聞業者協會之間，對於新聞發行者與編緝者之間的法律關係，締結了包含普通雇傭契約的賃率契約規定至一九三五年一二月三一日爲止不得解約依於德國勞工部所宣言的有一般的拘束力付與與法律同樣之效力其主要的內容如次：

(一)發行者與編緝者之協力勞働依於爲圖新聞紙之公益的義務而限制，故發行者，不得對編緝者爲良心之壓迫。編緝者既與發行者訂定契約，則於編緝上之政治的，經濟的，文化的標準之範圍內，作成各個記事的版面，應保障其精神行動之自由。

(二)雇傭契約關於發行者之根本的立場或新聞紙之方針，必須包含此點之約定，以成立於當事者間，且須作成書面。

(三)解約之豫告期雙方當事者必須同等。預告期間，置於各四分之一年之末日至六週間，勤務三年以上者三個月，勤務在十年以上者，置於四分之一年之末一日至六個月。

(四)編輯者不僅正當的實行契約上的義務；而於爲出版犯罪開始刑事手續，或判定刑罰的場合，發行者亦不得爲無預告期間之解雇。

（五）在事業讓渡的場合，發行者及讓受人，在適當之期間內，讓受人對於全部或各個之編輯者之契約之是否承繼，必須發表聲明。如讓受人不承繼其契約，則編輯者有卽時退社之權利義務。而得請求法律上至契約之預告期間的經過，或至契約之終了時期爲止之俸給的卽時支付。

（六）在事業讓渡的場合，如編輯者拒絕繼續服務，必須於讓渡後之四週間內，發表適當的聲明。此種場合，編輯者可以卽時停止服務，但是仍保留法律上或契約上之預告期間之經過爲止的俸給的請求權。

（七）發生者於變更其根本的立場或新聞紙之方針，或不遵守關於此點的當事者之間的約定的場合，編輯者在已被變更的事情之下，不得期待自己之活動的公正的繼續的時候，知道事情之變更後的一個月內，可以廢止自己之活動；然而編輯者保有對於契約預告期間之經過爲止之契約上的給與之支付的請求權。繼續勤務在五年以上者，得請求半年之俸給；又繼續勤務在十年以上，得請求全年之俸給。

又發行者，在編輯者爲依於發行而確立的發行者之根本的立場及新聞紙之方針以外的行動，或侵害當事者間之約定，或於屢屢警告不被接受而仍企圖進行此種之侵害行爲的場合，得爲無豫告期間之解雇。

（八）由雇傭關係而發生的關的請求權的紛爭，一概禁行訴訟手續，歸由德國新聞雜誌勞動組合之平等仲裁裁判所之管轄。但此規定沒有宣告其有一般的拘束力，所以除契約締結團體以外的組合員，不被適用。

四、澳國的新聞記者法

最初制定新聞記者法的國家，是澳大利。其頒布的時候，亦早在一九二〇年；後經一九二六年一二月九日之法律，有一部份的刪除。茲舉其主要內容於下：

（一）編輯者於入社之日，須交付記載如次之諸條件的證書，即一、所担當之工作之範圍；二、給與（薪金）等之數額；三、增給薪之規定，（到十六年爲止，至少須每五年增給一次）；四、每年之休假期間，及每年至少給與一月之休假）；五、解雇之豫告期，（至少須置於三個月之期間，如繼續五年以上之在勤者，則每一年延長豫告期間一月。）

（二）在新聞事業讓渡的場合，承繼者可以在一個月以內對編輯者宣告解雇，在此種場合，編輯在社年限在五年以下時，支給退職金一年之薪給，五年以上十年以下者，支給一年半；其在社年限每增五年，每增發半年薪給之退職金。退職金由新舊社主共同支付。

（三）在事業廢止而行解雇的場合，或在沒有長時的豫告期間之特約的時候，亦至少必須置於六個月之豫告期間。

（四）在新聞紙的政治意見有變更的場合，編輯者得於知道後以一個月內之豫告期間而行退社。在此場合，編輯者亦請求與前記事業讓渡之場合同樣的退職金。

（五）如有關於右項之退社之有否理由而起爭持時，由五人組織仲裁委員會以裁斷。仲裁委員會由兩當事者方面各自任命委員二人，再由此四人之委員，以多數表決選一人任委員長而構成之。其他關於仲裁之手續，適用民事訴訟法之規定。如果仲裁委員會，關於政法意見的變更，認定編輯者之主張為無理由時，可對編輯者科以一萬以下之戈魯（Grown）的罰金。普通裁判所對於仲裁委員會之裁判，可以有羈束之權。

以上所談的，是各國在法制上所表現的對於記者職業地位之保障。不僅是那樣的尊重新聞記者的職業，並且對於新聞記者之屬於職業的精神的自由，也是那種神聖化的，有着周密的規定。這對於我們，是很有作爲參考的價值的。因爲我們現在不僅沒有記者法，沒有統一的職業契約，或勞動協約的規定。就是一般的新聞出版法，迄今都還未成爲定案。

# 新聞記者的職業組織

## 一、記者職業組織的意義

新聞記者之生活的改善，及地位的保障，此種種問題，確爲保障新聞事業之社會的發展與向上有密切的關係。所以，無論那一國，都應有統一的設施，而不能完全委之於新聞社之單方面的任意處置。尤其是成立新聞記者自身的職業組織，更爲必要。即彼此共同處於被傭者的地位，共謀相互間之親善與向上，擁護自己的經濟的利益，講求從業的安全。例如制定薪給標準，確立同業共濟制度等。如像德國的和英國的新聞記者協會，都是此種記者組織的榜樣。

但是，新聞記者的組織，與新聞事業主的組織是有很大的區別的。卽後者是立於經營之責任者——事業主的地位；故兩者間在經濟的立場上是相互對立的。

新聞記者的組織，在社會上特別被重視的；其所持有的社會的公益性，絕不亞於醫師或律師等的團體。並且，也都同樣的是要受國家法律上的公認的。使得其組織成爲公的團體。新聞記者所組織的公的團體，其應有的事業是：

(一)關於新聞記者之資格與缺格的事項；

(二)關於同業共濟的事項；

(三)關於新聞經營上之協力合作事項；

(四)關於編輯上之協定的事項；

(五)關於廣告文之事項；

(六)關於學術上之修益事項。

等等，這些事項皆是牠（記者的團體）經常的任務。至於新聞記者團體之在立法上規定的例子，有意大利嚴限在各控訴院所在地設立新聞記者協會的成例。不過意大利的此種組織，是有着極濃厚的國家統制的意昧的。

## 二、英國的記者團體

在英國新聞記者所組織的團體，主要的是有新聞記者學會（Institnte of Journalists）與新聞記者協會（National Union Journalists）兩個。此外新聞記者關係的團體，固也很多，但從其組織範圍的廣狹，及其所處理的事業之性質，都不能算是主要團體。這兩個團體，前者係創立於一八八六年，以保護並增進職業上之一般利益為目的，而有很長久的歷史的。

會員分三種職業階級，區分爲；

（一）準備會員（Pupil Associates）；

（二）會員（Members）與會友（Fellows）；

（三）名譽會員（Honorary Member）

前一種或後一種會員，都是非職業的；第二種都是正當在職的記者。這個學會主要的事業有如下各項；

(一)審查所屬會員之就業的資格；

(二)努力於新聞記者之地位的向上；

(三)調查關於新聞記者之職業的法律與各種規例；

(四)介紹會員之求職；

(五)救濟會員之老年，疾病，死亡及災害所生的窮乏等。

此外每月發行機關雜誌『集納學報』(Institute Journal)英國由於這個團體的設立，不僅安固了新聞記者之職業的地位，而且對於一般的新聞界，也有很大的貢獻。

至於後者，新聞記者協會，創立於一九〇七年，是純然的新聞記者的職業團體。並與其他的勞働團體相謀提攜。凡新聞社之事業主及管理人，均不得加入爲會員；現在該會共約有四千八百人的會員，達到全英國國內新聞記者總數之半額。這個團體，在牠組織之構成上，就確定了牠的性質在致力於新聞記者生活條件之改善，自不待言。但是因爲牠是純然的同業協會，（或竟至是工會）的緣故，所以對於組織較爲廣泛的前者，（也同時有屬於資本家方面的雇傭主支配人及新聞社之高級幹部等）是相處於利害並不一致的立場的。每月也發行一種機關雜誌，卽名爲『集納者』（Journalist）。

## 三、日本的記者團體

再略舉日本的新聞記者團。據日本新聞年鑑載，歷史最久而最有力量，是日本新聞協會。其次則有春秋會，二十一日會，新聞研究會，社團法人新聞記者協會等。這些團體，曾進行；

（一）記事廣告之淨化；

（二）內外電報電話費用之減低；

（三）抗議新聞記事之檢查與扣留；

（四）其他……；

等等關於新聞紙之向上發展的，一般的問題的活動。但是，如德國新聞記者協會那樣，進行保障記者職業地位之組織的運動，則還沒有。就是與新聞事業主之團體對峙的，單純的記者之職業公會性質的協力團體，也還沒有。

寫完了『保障記者的職業地位』以後，覺得與此問題深切有關的，就是記者之職業組織的問題。故特又作補述如上。我們也有職業的組織；然而，我們的組織，實踐了些什麼工作，有什麼成績呢？雖然這問話是多餘的；但『他山』借勵，仍然還不失是可作爲鞭策的吧。

## 『座談』休刊的話

回顧我們創刊之初，其時在前年的秋季，本來是根據參加記者座談的全體同人所共同決定的。當時我們對於刊物的出版，曾自標榜『集納之理論與實際的研究』爲任務，而企圖從學術的和生活的自我教養中，在沉澱於半殖民地的黑暗的上海新聞從業的勞役裏活躍起來；矢志積極的學習我們所不知道的，認識我們所未認清的，說我們所要說的話，抨擊我們所要抨擊的人事。而我們的態度，萬分自好和忠厚，一面是醉心於智能的發掘，一面却也是頑强固執的不願與流俗同污。

檢查我們過去所有的成績，這九十期以來，關於集納學方面，討論過新聞之用字與用語的問題，討論過小型報的發生與發展的問題，相當的研究過印刷術與報業工程，若干的介紹過國外的新聞現象與新聞人的事蹟，喚起一般集納學術研究的興趣並指出研究的途徑，發表了對於中國未來新聞發展的希望，供給了對於出版法的斷片的意見，注意過記者職業的保險問題，尤其是對於黃色新聞與墮落的記者，下過嚴厲的批判，作過無情的鬥爭。也暴露過帝國主義新聞政策的陰謀。其次關於生活修養方面，我們曾繼續不斷的談過風紀問題，曾努力的要找尋失蹤了的氣節。

可是這些已經做過了的，不僅沒有完全實踐初衷；甚且相反的在這一年半的歷程中使我們發現了我們自己的極大的弱點。內容的貧乏是我們學力不足；所有文字的零亂，無體系和言未盡意，是我們職業工業太忙或其他客觀的原因。這都可以取諒於讀者，不必謙虛的眞正要引爲自咎而不容寬恕的，却是有許多時候並非爲了這樣的理由而疏散自棄，失去了純眞求進取向上的積極性。記者座談的會合，成立以來已經三年多了，前後參加的人數也很不少，然而始終如一的却祗有少數中的少數；而周刊出版到九十期，始終熱忱不懈來關心這園地的，同樣也是少數中的少數。至於生活的修養，大部份沒有把正確的職業態度與個人的生活態度溶成一片，在一切罪惡的接觸上（新聞記者是最能接觸一切社會罪惡的）仍抱着屈辱的容忍！甚至少數中的少數，還保留着投機取巧自私尖刻的姿勢，像一條無賴的幽靈的暗影，萬般無奈的徘徊出沒於光明黑暗之間。這才是我們所最最痛心的一點。

我們始終感謝××晚報的當局，給我們這塊耕耘的園地。現在我們沒有獲得美好的種殖的收成，這是我自己的過錯，辜負了自己，辜負了許多親愛的讀者。

現在，這周刊正式休刊。但是，這不是終結。整個中國的新聞事業；追隨着整個的中國的命運，必然有很多更困難的和更有希望的前途；而新興集納學術運動，也必然有無止境的更新的發展。所以，我們今天的結束，也可以說是另一個階段的開始。我們並不顧慮人少，我們相信我們有更多的同道。單純的就向學的努力這一點說，我們宣言：我們是始終不懈的。

# 新聞道德風紀

## 要求『新聞道德』

報紙刊載社會新聞，固然一方面能使我們知道社會上的形形色色，以廣見聞。報紙爲了『生意經』起見，往往把引起社會人們的趣味或注意的事件，用特大的字號來標題和觸目的地位登出，當然，這也是事理之所有，無可厚非的事。可是除了大號標題和觸目地位之外，或竟花樣翻新，別具肝腸的登法，影響所及，超越道德範圍，甚至間接殺人；那就使人不敢贊同，毋容緘默了。

譬如說類似這樣的題目：『口口控告〇〇〇行爲不端。』但它的登法是把『口口控告』四字縮得很小，而把『〇〇〇行爲不端』七字則用特大號登出，於是隨意一看便成爲『〇〇〇行爲不端』了。或給些看報只翻題目的朋友，則又無疑的把它肯定了，或竟到處亂說，碰巧這位〇〇〇是社會上的面子人物，那口口的控告實際僅欲敲他竹槓，或挾仇報怨，那末這樣的標題祇少已幫了那位原告破壞被告名譽的幾分忙了。

有時像這樣的標題：『××犯殺人罪，』但後面的小行題目乃則僅是『某人說××有殺人嫌疑。』方法雖與前面相似，但事態則更嚴重了。

有的如：『口口口通姦，』竟然是肯定的特大號標題了，然記事則也不過說口口口被某人控訴通姦，並非已判決的罪名，或竟是尙待偵査的事件。不幸的，假如這口口口剛巧是一位在社會上倚賴色相技藝來生活的女子，女子的羞恥觀念最重，社會對女子的人格標準，也是以『羞恥』二字來下斷論的，不消說這幾個大字給了她一個致命傷的打擊，或竟引起一種厭世觀念而自殺了。

我這裏所提的雖是幾種譬喻，但也是爲人所共知的事實。並且由於這種標題所生的影響，是有非常的可能性的，那種傷人的危辭聳聽，甚至把未成罪名的事實寫成肯定的犯法行爲，究其實，也不過會了『生意經』。但爲了『生意經』而逞意傷人，這與挾私報仇何異？流入了惡意宣傳，喪失了新聞價值的原義了。

在這種情形下，社會人士將視報紙爲蛇蝎，隨時懷一種恐懼戒備的心，而報紙也將成爲一種傷人利己的器具了。

所以，我們現在要求辦報的人與製報的人，不要忽略了『新聞道德』！（林雲）

## JAZZ主義的流俗報道

爛熟了的資本主義的文明，發展到某一則階段的高度時，在文化思想上，必然的醞釀出兩個不同的趨向：一種是鼓動野蠻人性的復古運動；一種是毀滅人性，殘殺生活的都會享樂主義的風向的盛行，所謂爵士音樂（Jazz）就是後一種墮落風向的產物。這種音樂的曲調，完全以醇酒婦人爲背景，奏着使人消失向上意志的淫樂，現代人被實生活的苦惱所囚役，沈淪在 Jazz 聲中，是毫無自省的，不知明日之將來的溺於萬花撩亂的聲色中，興奮或傷感，串演着五花八門的惡戲，這就是現在被咒咀的罪惡的世象。Jazz 音樂所表現的，也即是這人類之一隅的脆弱的沒落的悲歌。

『黄色新聞』的製造家，傾全力於搜求奸、淫、燒、殺等日常社會事變，並作着誇大的報道，製造出一種商品文化供給於社會大衆，刺激他們的神經，使他們對於生活不求理解與認識，陷於無自信的境遇，這就是黄色新聞所發生的社會作用。盡情的下流與卑俗，正和爵士音樂之使人瘋狂亂舞一樣。我們看美國新聞大王哈斯脫所屬的新聞，能得到這樣廣大的銷路，就是以罪惡的資本主義的文明爲背景，而達到了最高峯的成功。

所謂『黄色新聞』的編緝方針，以刺激讀者的官能興味爲目標，常常在一種「諷刺」(Humour)中，涵蓄着若干的感傷的氛圍氣，或者若干的淺薄的人道主義的正義感：並不是忠實的爲讀者供給正確的新聞報道，而是以營業爲目標的，爲獲得讀者而製造流俗的報道，誇大、炫奇、驚險、尤其是猥褻的淫樂，反健康的反生理的，造成變態的心理意識與生活。這種流俗的報道，所給予社會大衆的影響，和爵士音樂一樣，使人昏迷沉醉於一時，顚狂於一時，所以我們對於黄色新聞，稱之爲爵士主義的流俗報導，未必是不確當的。

中國是經濟文化非常落後的國家，一切反映在新聞上的，最爲明顯。就新聞報道的本身說，技術與智能的幼稚與落後，有了客觀條件的限制，固然是公認無諱的事實。但是，在黃色新聞的流俗報道上，則表現得更爲卑惡與拙劣，我們看上海的小報，可以說就是爵士主義的流俗報道的代表。甚且有時比流俗更爲劣下的趨於墮落。這一種墮落文化（當然以墮落文人爲主幹），的存在，在社會生活上不是無反映的，尤其因爲上海是國際帝國主義在華侵略力量的集散地，這種穿高領長袍着圓口平底鞋而跳狐步舞的文化，是特別靭性的（又軟又便，到寫字間裏做洋大人的奴才，在馬路上做黃包車夫的大爺之謂）發展着。

現在，可以舉出若干的的事實，以筆者個人看小報所得的經驗，可以得到下列幾點的認識，最普遍的是色情的宣洩：在七種每本版的四開紙印刷的小報上，每一種報，至少連載着一個長篇小說，而無一篇小說，不是以性慾的描寫——爲主要的內容。（如，『××祕密』『××三部曲』，『×公館』，『×經』，『××外史』，『×××穢史』等等）長篇以外，還有許多雜文散記之類，除了給予讀者以性的誘惑以外，往往還含有許多隱約的副作用，卽一替賣淫女作人肉的廣告，而風流自賞；二、以摘發某種人的性行爲，而希求達到某種的目的；（曾有很多的小報，因小說的刊載而招受法律控訴的事實。）另外還有一種小報文豪自己患了風流病，也必在他自誇薄命的文字裏使得滿紙白濁淋漓；好像非如此不足以誇其豪情勝概似的。總之，這一類文字，與性病藥品廣告及花柳醫生的醫學說白（自然也是廣告）互相輝映，佔據最大的篇幅。綜其大觀者，不外「誨謠誨淫」而已！其次則是酒食的慾求：小報的報面上，除布滿了色情的腥濁的氣息以外，其次就是酒食慾的充溢。許多許多的文字，耑門描寫『吃』之道。樂那兒的酒醇，那兒的菜鮮，那一家的侍役最殷勤，他們都是熟悉的『行家』。如果有一個人，是常常在備佳肴以待他們這些貴客的，那末某師如何好客如孟嘗，某師母又是如何賢德兼全；就常常被作爲他們寫作的題材而稱道不置。從許多次的這類記載中，給以一個簡單的結論，就是：今朝若能予以口福之惠，你的名字明天就成爲小報新聞的主人；連怎樣狂歡大醉，都可以描寫使得讀報的垂涎稱羨。如某畫家與某歌曲家屢曾歡待此輩，所以他們也成爲讀者心目中慽不識荆的『名流』了。而能與名流分庭抗禮者，自然至少也總得是一個『準名流』。這也是一種『榮譽的文化生活』而被歆厥於報紙上的。

此外，一件小小的事，如果投合了小報記者們的興緻時，則立可被誇大與謊報得使普通人看了警異，某人的惡罪，竟是死也不足稱其罰；而某人的善行，又甚至有似天神降世。這樣左右着所謂街談巷議的輿論，是非中生是非，世事無可分皂白，凡是稍有理性的常閱小報的人，想決不致以爲這指摘是無根的。當然我們也不能完全抹殺在小報上的硯滴『墨餘』之中，不是完全沒有可看的文字或意見，然而多祇是正義感的表示，對事物的評論，很少肯尋求透澈的正確的認識，而再作透澈與正確的論斷。有一張小報，對於漢奸者流，作着『讀萬遍』的攻擊，對『現代奸佞』列傳摘發，本是頗快人心的工作，（應當認爲這是很合要求的材料，小報的趣味與幽默也應當在這一類的材料裏來發揮的！）然而不幸的很，另一張小報上，却正爲漢奸者流刊載警人大著；於是這裏是仇，那兒是友，仇友又似一體，使讀者疑其在串演雙簧，不明內幕的讀者，眞感到是非不辯之難。再提到惡罵與論爭：這一現象，在流俗報道者之羣中，也表現得十分眞切。他們不能結合一致，以共同努力形成一個正確的報導力量，或共同努力作成一個公正的輿論，使來推進思想文化的發展，使來改造社會生活。而相反的，每每從批評開始，以惡罵來代替論爭。比如，開始是爲了一個女權法律問題，發生了論戰，而結果竟戰到私人間恩怨的問題上了。私生活的攻擊，友誼關係的暴露等等，都是同行們相與施暗箭謀報復的辦法。又如眉起影評或什麼的招牌，實際爲片商作效忠的宣傳員，黑的眼睛不看明白事，舞弄筆墨，調盡槍花，此咬彼吠，昨友今仇，這些都是說不完的故事。

——然而，這些却是今日 Jazz 主義流俗報道的主流！

黃色新聞，是流俗的爵士主義報道的；（一條新聞冠上橫七豎八的排版標題，觸目的大紅字，跳舞場，回力球場，跑狗場的記事，小說，女明星的日記）小報又是黃色新聞的眞正尖端的代表。在今日的社會生活之下，這自是也有其必然存在的理由；不過，我們以爲在 Jazz 亂舞的生活中，應當要有轉變，即使是從調劑生活疲乏的趣味幽默的需要說，則也應當最低限度的傾向於所謂『純眞的幽默』。因爲在今日的社會生活之下，能與小報共有存在的理由而同時能供應小報之存在需要的實効的，還是倡『幽默』之說者流，總比較在『人性』上略勝一爵。Jazz 主義的 Journalism 的存在，是殖民地文化滅落的現象。雖然，在原則上，我們絕不輕視小報形式的集納文化的存在。

## 風紀問題小諷刺

記者座談發起的當時，曾提出『生活修養』的要求，作為同人們自我訓練的目標。所謂新聞記者的生活修養問題，說得明白一些，其實就是職業人格的貞操問題。

本來，這一問題自有私有新聞經營的存在以來，隨着記者們取得了對社會事象有自由記載，暴露或批評的責任地位以來，藉恃着所謂新聞報導的『威力』以一種驕縱的氣慨，和卑屈的自賤的心理，把自己忠實正當的心理忘却了，反而把一切新聞存在的意義，都反作用化了。譬如，某一項關係着多數人們生死存亡的事件，是多數的報紙的讀者所熱心關切而急求知道的新聞，可是有的時候，記者們為遵循那種事件的另一當局者的要請，就顧全了另一當局者的利益，將這為報紙是寶貴的消息，竟可以按下不表。他得到了若干的小惠，他就可以自甘背棄多數的讀者。同時，某一項是屬於私人的隱祕生活，他却可以筆下生花的任情的描寫，作着誇張的『暴露』，凡姦情事故寫來應是如何的有聲有色；凡足以威脅別人的社會名譽和地位的事，在字裏行間，又如何的帶嚇帶詐，以遂自己或代替別人報私仇洩憤的目的，或者又如何的耍弄刀筆文章的技巧，一面佯裝着『仁義的』面像，一面却預留餘地以待講條件。社會經濟恐慌深刻化了，是急景凋年的時候，市面金融週轉不靈，許多商店頻於破產的危機，來到了這種現象，正是好文章的材料，雖然不必是悲天憫人，然而這類消息，在新聞意義下，却是有報導價值的；然而却也有人可以利用這機會去進行尋覓其個人的『急景凋年的救濟的』。又在全國政治還未達到眞正鞏固統一的時候，地方軍人官吏也每常招待都市的記者們去『他的治下』去視察，希望得到載道的口碑。此外用糯米年糕供灶神，求此神免奏天庭的事，似乎也是司空慣見的……。形形色色，自己也是一個職業記者的筆者，寫到這裏，衷心希望這些都不是現有的事實。雖然人世間現在的事實也常常將希望擊得粉碎。

所謂新聞記者職業人格的貞操問題，我們揣想當然是由這擬例的現象而發生的吧。既然要求生活修養，我們就要誠懇，嚴正的，用虛心的態度，來檢查並且批判這或有的現存的事實。上週的座談對於風紀問題曾有廣泛的討論，對於風紀問題發生的原因也有人提出了；

一、改善待遇與改革生活；

二、個人修養與外力誘惑

這兩種應有的說法，都是正確的。可是，得放眼看看普遍的現實：在現時私有新聞經營的制度下，如何求待遇的改善？是一問題；如何改革生活？是一問題：如何磨勵個人的修養來抵抗外力的誘惑？是一問題。所謂制裁的辦法，也有人說得甚爲詳盡；然爲要求其眞實徹底的解決，我們以爲還是要把新聞的問題，和一切的社會問題，都聯繫起來，求得一個整個的認識的答案。

適逢在風紀問題討論的熱忱中，在『新女性』的影片中，又供給了一些風紀問題的材料。在這影片中所出現的那一位學藝版（在上海說是『報屁股』）副刊編輯的記者，在整個新聞記者地位的比較上，說他不過是很渺小的一員。在舞場裏發散那刊著不忠實的僞報的新闊，得意忘形的喝着舞女所施捨的白開水一杯，對於廣告部和廣告主的顧全，對於豪客的婚媚，對於投稿者的欺弄，採訪新聞時的輕浮，那一幅百怪的面貌眞是『集納』了若干 Jazz 主義流俗報導者之醜態的大成。社會可眞正能出幾文錢來評價此輩人的身份呢？他似乎也有一些『I' ll Tell the World』（李屈山主演的「記者權威」的原名）的「精神，而結果他不過是做了豪者的奴才？雖然衣貌不同，然而他所能做到事與他所做到的事的效果，和那在同一影片中的，『戴鴨舌頭帽者』有何分別？研討新聞界的風紀問題，這却是要使一切純正的集納人哭笑不得的諷刺的插曲，然而顯現在銀幕上的，當是實生活的反映，而實生活的型格，倒也是需要行走活動的扮演的角色的。這一類的戲中的角色，他之善於忘忽社會，其程度正與他之善於忘忽自我是相等的，在提倡『禮、義、廉』的時候，不能寬恕『無恥。』人、格、氣節等名詞，雖說是每被作爲空泛的教義，但爲尋求生活的眞理，幷建立生存的自信，職業的貞操，還是値得讚美的！尤其一個在職或將就職的新聞從業員，更要强化這風紀問題的貞操觀，被逼而賣淫，固可原諒；而爲洗刷這眞正輿論權威的汚辱，自是先須從制裁賣淫者起。自然，我們的主題，並不僅是集中在這影片中所見到的渺小的一員。

# 從『侮辱』記者問題說起

看了『新女性』的影片，讀了郁飛先生的『風紀問題小諷刺』的論文，接着又看到了記者公會爲着『新女性』影片侮辱記者問題而集議對付的消息，這一連串的事實，引起了我數年來骨鯁在喉的一些雜感。筆者生平嗜報，年來亦嘗濫竽記者之席，關切既深，期望亦切，但縱觀國內集納情況，則實有不忍言而又不能已于言者。

『記者座談』創議『風紀問題』於前，記者公會又糾彈所謂侮辱記者的影片於後，那麼趁這普遍的讀者關心於記者風紀乃至私德問題的時機，傾吐一下年來蘊積的私見，也許不無可供記者諸公參酌之處，假使這篇雜感之類的東西能夠引起讀者和當事者的討論，乃至從這討論而對記者風紀問題得到一些微末的改進，那當然是筆者分外的榮幸了。

在接觸「新女性」問題之前，我先得談一談所謂「記者道」的問題，假使這不是筆者的矯激之見，那麽我以爲中國自有新聞以來，這種記者道——The Procepts of Journalist 始終不曾建立，也可以說始終不曾有人講過。最顯明的例子，在外國，譬如一個少男或者少女，因爲偶爾的過失而觸犯了刑章，那麽新聞報導者爲着顧全一些年輕人的將來，除出十惡不赦的案件之外，在記述這一個「犯罪者」的名字的時候，也一定是筆下留情地用假名來發表，可是現在再請反觀一下中國的實際，未成年者犯罪而用眞名，這早已成了記事的常道，最殘酷的是當一個未成年的少女遭遇到慘酷的不幸(例如强姦之類)的時候，我們的無冠的帝皇們好像是爲着要對這些可憐的弱者顯示他們的權威，非特發表詳細的姓名住址，甚至要涉及她的父母親族，假使可能，還要設法覔得一紙相片攝製版公佈而後快！這種慘酷的對待弱者的事實，恕我們不能用健康人的常識來揣度執筆者的心理。假使這種處理事件的態度如郁飛先生所說一般其目的是在『威脅別人的社會名譽地位』以遂其「帶嚇帶詐」之計，那麽這種藉記者的地位以遂行犯罪的事實，已經夠使眞眞爲新聞事業而服務的人們惡嫉而有餘了！

　　這種殘酷心理的表現，決不限于上述的一項，假使讀者諸君並不健忘，那麼再請想像一下一兩年前上海某黃色報紙報導『太保阿書』伏法當日的記事！殺人、斬首、分尸、尤其是與任何姦殺事件有關的女子的尸體，都是黃色新聞記者所最珍視的資料，中國的記者諸位當然是常常寓目外國的報紙的，那麼請問外國的報上會不會刊載這種珍奇的資料？

　　去年上海在千百件慘無人道的事實裏面偶爾摘發了一件所謂人狗相交的案件，于是各報都用特大號鉛字的標題來報導這件消息，那種露骨的猥褻描寫，除出用『不堪卒視』這四個字之外，別無可以形容的方法。試問誰無家庭，誰無子女，請閉目一想你們將成年的子女們以白紙一般的素樸的心情，好奇而熱心地誦讀着這種記載時的情景！

　　除出這些常識的記者道德之外，拆穿了說，在多數人集團的裏面，利用『新聞報導』的威力，來逐行嚇詐取財，發洩私忿的敗類，何嘗沒有！最使人痛心的是正在因「新女性」問題而集議對付外來侮辱的時候，連續的在報上看到了同時在上海新聞界出現的恐嚇取財（鋼報）和以記者的身分而實行搶刦（上海日報）的醜事！我們以為內包的敗類不除，對外的抗議非特不能使人心服，抑且適足供人以譏諷的材料，在這一點，筆者是衷心地期待着記者諸君的勇敢的自反在對外抗議之前，肅清和檢舉內部的醜劣分子，實在是絕對的必要的。

「新女性」影片涉及記者之處，道路傳言，實爲劇作者憤慨於某報電影版記者惡意地報導某已故女星自殺事件之記事而起，不問作劇者是否存心侮辱，抑或有意影射，在吾人眞誠地期待中國記者道之建立者之立場，則終覺外來的諷罵雖足扼腕，而內在之腐爛亦殊可恥！一弱女子聊倒天涯憤世自死，其事至愚，其境至慘，不問報導其事之記者對此女星有否私怨，卽從人類之立場，吝同情之淚，固亦無妨，鼓快意之掌則大可不必！今日激於外來之侮辱而集議對付之諸君，當日對彼背記者常道藉言論權威而洩私憤之人，固未聞有糾彈與抨擊之舉也。我不自責，而人責之，筆者於此，深盼當事諸君能有「明恥與自反」之精神以自處也。

洗刷過去的汚辱與建立眞正輿論之權威，必先從强化記者風紀與制裁腐敗份子始！這一次「新女性」旣已經引起了論爭，我們很希望能夠借過這機會來一次刷淸內部的工作。朋友們！用你憤怒的火焰，去淸除內包的毒菌吧。（李仲堯）

# 我們正在找尋『氣節』

——答或人問——

『新聞界果無氣節乎?』或問。

『有!有!』答曰:『有不過某些人的氣節失蹤了。』

『我不懂你的意思。』

『這樣說你自然不懂。那末我且先問你:你可否舉出「無氣節」的事實來?』

『這太容易了。比方用刊載照像作恐嚇,揑造事故,向無辜者索詐,如剛報事件(見二月八日申報載),這是無氣節的事。還有,自爲新聞記者而兼職做强盜,像上海日報事件(見二月八日申報載),也更是無氣節的事。這不都是國家法院有案的事實嗎?』

『對的;也許還有許多被隱藏的,也許還有許多正在祕密進行的事實呢。』

『總之,不必多舉實例。凡是利用職業地位,以卑劣手段,作害人利己的勾當,違背良心,喪失人格，都是无氣節。而无氣節，自己侮辱了自己的存在也是无恥。』

『好，我們已經知道了氣節的定義。對於這樣无氣節的敗類，侮辱了全體的信譽，爲什麼不「採取有效對付辦法呢？」』

沒有回答。談話暫時中止。有人吸烟運神，有人喝白開水潤喉。忽然有一個怒聲起自隅間：

『這「是揭穿新聞記者內幕之荒謬記述。」』

『記述的「內幕」，那確是「荒謬」的事實。可是，新聞界果長此默認无所表示，」「誠使外界爲新聞界抱莫名之憂痛」呢！』

『老兄也是「界」內中人，何必「自拔短梯，」發爲「反動言論」呢？』

『你不是有人在問「新聞界果无氣節乎」的問題嗎？既要清算氣節之有無，自然先就須根據事實來明辯是非。否則，那必定是氣節失蹤了，令人无從查問。』

『你這樣說，不爲自己人留情面，眞是「殊堪浩嘆」之至！』

『你何苦「浩嘆」呢？新聞記者終日握着筆，縱橫的批評人間世態；難道就不許別人甚至是同行來批評自己嗎？叫嚷着言論自由的人，却不許別人言論自由，這才的的確確的「自拔短梯，」貽笑萬千了』啊！

『不過在別人嘲笑你的時候，你投井下石般的來掘發自已人的「內幕」，終是「取媚他人。」』

『幸「承」「見告」此點。要知別人嘲笑來到的時候，正是我們驚心自惕的機會。我們要嚴正的檢討那嘲笑或指摘是否正當？如果抓到了癢處，未始不可反省自新；否則，沒有偷東西的，自也不必自稱做賊。』

『這樣說話，未免「荒謬」。』

『也許是「荒謬」。但如眞有勇氣和誠意來清算氣節問題的，正可即刻「同時通知全國新聞界取一致步驟，」澈底來作一個檢查運動。這是我們現在的要求和提議。希望大家合力，用坦白的態度，把部分失蹤了的氣節找尋回來。』

『你的要求和提議，且讓大家攷慮吧。今天不必再繼續多談了。』

『停止到這裏，問題並沒有談完結。假使你聽了頭痛，我就不談下去。不過最後再說一句，氣節也存在着的；而查問氣節之有無，與檢討風紀都是一個問題。並且是誠心討論問題的，就不必動肝火，因爲拍案咀咒，與事實無益。自往古到如今，從沒有一個以惡聲謾駡而不濟事實眞理的人，能夠永久鞏固他的社會地位的。因爲旁邊有大衆的耳目。好！請原諒我的妄言，彼此「深願引頸以觀其後」吧。總有一天，我們要找着氣節，問他是打那兒逃亡去了的？』

〔附件〕　在二月二十二日新聞夜報的夜聲欄裏，載着一篇署名秋實齋主的以「新聞界果無氣節乎？」爲題的致編者信，內容是：『編輯先生：

聯華公司侮辱全體新聞界，已爲不可否認之事實，除各報僅刊載數段關於與聯華當局交涉之消息外，至今尙無動靜，而一部分報紙猶有自拔短梯之反動言論。至××晚報（原文如此）更有揭穿新聞記者內幕之荒謬記述，誠使外界爲新聞界抱莫名之憂痛，豈新聞界果長此默認無所表示乎？深願引頸以觀其後。』

同時，該欄編者復有如下的按語：『編者按：聯華公司侮辱記者事件，迭經記者會交涉，而該公司迄無誠意現記者會已採取有效對付辦法，正在實行中，同時通知全國新聞界取一致步驟。至新聞界中竟有人發爲荒謬言論，取媚他人，殊堪浩歎，承秋實齋主見問，附識數語，以代簡答。」

# 風紀問題幷不結束

本市記者公會，抗議某公司的某影片內部份穿插的事件，於本月二十五日宣告結束。關於這一次雙方爭執的問題，我們絕不抱台下看戲的態度，用意氣的尺寸，來衡量誰何的勝負。但是因爲爭議的問題已經結束了，我們必要的公開聲述數點，如下：

（一）我們集中的具體的討論風紀問題，是由二十三期（一月念五日）座談轉載一月念二日南京救國日報社論龔柏德所作『新聞政策失敗之挽救』所引起的。因爲我們座談集合的本身，早標示出『記者修養的策勵』，所以在念四期（一月卅一日）的本刊上，就有風紀問題的座談特輯。念五期（二月七日）本刊載出『風紀問題小諷刺』一文，也還是在記者公會討論該影片問題之前（記者會是在九日下午四時半開會討論的。）足見我們並不是有意破壞新聞界的『統一戰線』(?)而我們所表現的主題，祇是在談風紀問題而已。

(二)本刊從二十三期起，到二十七期這五期來的一切言論文字，都是黑鉛字印在白報紙上的可以覆按稽核的事實。我們固未見到公會對該影片之所表示不滿的具體的理由，但我們也並未對公會的交涉作過任何的反對。我們曾表示不能無端自承『侮辱』反之，因爲我們討論風紀，却引起公會少數而又少數的『委員』的盛怒。不是讓個人的荒唐分子無理的破壞整個會對外的尊嚴，就是愚盲的說有人做了會的『漢奸』。對於這種種情形，我們爲擁護記者的團結爲鞏固會的存在，不願提出積極的言論；但希望於爭議結束的現在，能平心靜氣的細讀這幾期來的本刊。新聞記者不能信口開河，朝天亂嚷，猶如一般社會人不能把謠言當新聞看一樣!

(三)關於我們爲什麼要談風紀問題?編者在上期本刊上，已具體的說得透澈明白了，就是在公會尚未集議討論抗議某影片以前，嚴獨鶴先生也發表過文章（二月十一日新聞報新園林欄『銀幕上的新聞記者。』)表示該片描寫得使人難堪，而同時更主張整飭新聞界的風紀。(自然還有其他許多未形諸筆墨的言論。)可見公然反對談論風紀的人，是沒有的。現在，我們並不宣告風紀問題的談論已經終止。相反的檢討風紀問題，是我們今後的經常任務之一。我們要求全國同業，社會各方一致的嚴密注意新聞界的風紀問題。並且儘可能搜集風紀問題事實材料。我們尤願接受前輩先生的誠摯的指導，在絕不涉及無謂爭論與感情意氣用事的原則之下。

## 所謂『記者權威』

看美國攝製的電影片，以新聞記者生活爲題材的，到現在爲止，已經有三四部了。以劇情的故事說印象最深的，是羅彬生，愛德華主演的『女記者』(原文名 Five-Star Finale) 最佳，那是專對以掘別人的陰私爲能事的黃色新聞紙的諷刺。其次表演新聞記者生活情態最佳的，是『亡命者』主角保爾，茂尼主演的那部『神探尼萊。』

不久前又看了一部名爲『記者權威』(I'll tell The World）的片子。主演者名李屈山(Lee Tracy)據說他扮演新聞記者的脚色，已經有好多次了，在電影的表演上，人們對他有過讚揚。這是藝術上的問題。可是我每次看這種片子，主要的動機，都是爲了要看片子中所描寫的外國記者生活與工作的形態，以及外國新聞事業的情況的。故事怎樣，從來不十分注意。這次去看李屈山的戲，雖然目的仍舊是那樣，但因爲『記者權威』這一個動人的片名，却使我不得不也注意到牠的劇情了。

實在說，『記者權威』這部片子的故事，完全是爲了李屈山這樣的演員而編的。那樣一則羅曼斯的造成，在眞實的記者生活裏是不會有的。故事內容，大體是說世界著名的聯合通訊社記者勃郎，非常幹練勇敢，因爲採訪廢皇室的消息，而邂逅年輕貌美的海琳公主，後來經過了若干的波折，（故事的演進，完全是爲了要表彰這記者的『幹練勇敢』而設計的）終於成就了這齣市井英雄的新聞記者與王室麗姝的姻緣好事。在這樣一部完全出於虛搆的戲裏，可也使我們看到若干現實的描寫，那卽是：（一）映寫出新聞記者在工作上的堅毅精神。（二）

表現了記者同行中那種無賴似的職業競爭的醜態。(三)在很多的偶然的機會裏表現了外勤記者的機警與急智的技術。在這三點上，的確使我們身爲記者的人，是有可效法的長處。不過，這裏也有使我們萬不可學習的：如那將自己的職業地位作爲一個要挾的威脅的力量作爲行爲意識，以形成『市井英雄。』

關於這一點，影戲的題名尤其誇張！原名用一個很有語力的單句：『I'll tell the World』隱含着萬分的威脅性。譯名則用『記者權威，』而實際的內容，則與我們合理的理想中的解釋，完全不同。因此，不得不起了一個聯想：就是在我們中國的新聞界裏，也有很多類似的『權威』意識的存在，他們每常也可以用『I'll the World』這一句十分『權威』的語氣，去作成許多私利的企圖。而結果，則恰恰是權威掃地！

# 人事記

## 悼新聞企業家史量才先生

普通兇殺事件，在報紙上是屬於社會新聞類的；這一種事件的消息，是最能刺激讀者的神經，最能獲得讀者的興趣。而現如，一個社會新聞性質的兇殺事件，竟由新聞人——一個權威的新聞企業家自身來出演了。這，給予社會的衝動，當然是更其廣大與深刻。對於擁有六十年歷史的，所謂『中國最老最大的報紙』的申報的總理史氏之慘遭異外；筆者個人，僅獲得了這一點的認識。這認識，反映於現實的社會機構的因果上，則正是具體的說明了今日時代的不安與動亂，從國際到中國，幾個月來的噩耗死訊，我們都可以稱喻一九三四是世界的兇殺年。

然而，史氏是爲了什麽終也轉入了這殘酷的悲運呢？在兇行者漏網，案情未獲大白的現在，我們實不願也不能多作無謂的妄論。可是，對史氏之遇災厄僅依『佛倡因果輪迴之說』作消極而無可奈何的申訴，也不是有意義的對死者的追悼。無論中外，新聞人之死於非命者，都有不盡屢言的事實。與不盡縷言的原因；黃遠生，邵飄萍，林白水，先後飲彈以終，都有爲公爲私的原因，在中國新聞史上，遺下斑斑血跡的。更都有各個時期的社會背景及其客觀的原因。現在對於史氏，又當作如何沽價呢？

報上公佈了史氏的事略，昭告了史氏個人一生社會事業與地位建創的歷程，可以簡明的使我們知道：史氏實在是一位有數的企業家，是一位握有銀行、書局、藥房、紗廠及報館的大企業家，由於他的事業所形成的社會經濟與文化的勢力，以及左右影響社會的權威，雖然非常偉大；但是倘如要追求其功罪的批判，則在事實上，我們是沒有很多根據的，兼銀行與報館兩者而有之，這是史氏社會存在的基礎；以一手與論一手金元的威力，我們固期待他有更大的作爲；可是銀行與報館，都祇作爲企業而存在發展，則對於社會大衆，仍然祇是屬於『私人』的乃至是屬於若干『少數人』的而已。所以史氏之社會進出的蹤跡，多少總是處於『自由主義』的立場，我們看史氏掌握經營大權的報紙，『無論在其論說及其一般記事的編輯方針，皆立於自由主義的陣營，未嘗黨同伐異，略作堂堂的筆戰，萬事始終爲消極的不多事主義』（見十五日日文上海每日新聞『悼史量才氏』文）這可算是一種客觀的論斷。史氏在報業經營上的態度，實在是未曾超出此種論斷的範圍的。

可是新聞紙，在矛盾的社會情況下，始終必須是影響社會，而同時被時事的變化所影響。史氏所屬的報業，自也逃不了這決定的公律。所以經過了九一八及一二八兩大民族迫害的巨變以後，我們可看到老大申報在內容與技術上都有若干的改進，基於客觀的要求的若干的改進，正是代表中國報業之更新的些微的突進。而史氏本人，現在却原因不明的遭難了。我們除爲一個社會企業家的死去，致其痛惜之哀忱以外；在此更期待中國唯一悠久歷史的申報，在民族危難中，爭求更健好的存在與發展。

# 朝日機來訪平津

再過四天，正是九一八第三週年的忌日。

日本大阪朝日新聞社的飛機，却正於此時飛到了正因『戰區問題』而忙煞了外交大員遲疑進止的華北平津了！關於北平市長在頤和殿上如何舉行園遊招待，如何杯酒聯歡的盛況，且按下不提。現在讀看朝日新聞社社長上野精一致天津新聞界信裏的話吧：

『……此次朝日新聞社在兩國重要都市間突破處女航空路，在僅在善鄰兩國交通史上，闢一新紀元，亦爲國民外交之發靭，在親善史上闢成新機運，不容懷疑……』（見十一日大公報）在外交辭令上，的確是沒有什『懷疑』。但在附字上，却有使我們不得不懷疑：朝日機來訪的航空路，事實上並非是『處女』的，這處女在三年以來的長期中，不知道已經被日本軍事轟炸機强姦過幾千百次了！所謂『交通史上新紀元』，從何說起！

日本的飛機，在東北、在平津、在淞滬，曾炸得我們國破家亡，曾炸得我們肢體殘亂，這是我們準備在九一八紀念時要用『五分鐘』的時間來作痛定思痛的『默念』的。現在朝日機來訪，要天津新聞界，『請對於盡力於中日間之理解及促進親善之朝日新聞社微意，予以體察。

「在日本新聞界忙於招待美國名記者團的同時，我們認爲這眞是帝國主義新聞政策的妙用。我可不知道我們的新聞界仕九一八三年紀念中，如何報答她的『微意』。

## 迎美記者團來滬

美國記者團一行二十餘人，（一九三四，九月）以全美輿論代表的名義，受日本新聞協會的招待，於九月十八日抵橫浜。遍遊日本全國，朝鮮及中國東北各地，現已事畢分別就歸程。其一部團員，於昨日來滬小作勾留。他們此番飽覽了三島風光，受着酒醉茶酣的招待，現在來到這沒有熱烈禮遇的上海，當然不免引起人殊地異之感。爲而我們料想該團諸君，决不會因此冷落而留遺憾的；因爲這，正表明了我們的眞誠。

日本以笑面虎的姿態，出演於二十世紀的國際舞台，其聲容情貌，早爲衆所週知。侵略中國的土地，用飛機大砲屠殺中國的人民，而同時又用種種動聽的說白，以諂媚來掩飾殘暴；把外交上爾虞我詐的醜惡法術，應用於帝國主義者的新聞政策，這都是精采節目上的題中應有之義。聰明的美記者團諸君，應當是比我們更早也更透明的露穿這烟幕的。所以在這裏，我們願武斷的相信該團於足履上海之初，必恍如身離「劇院」了。

在中國，我們沒有掩藏，也沒有誇張。一切如他們所能親眼目睹的。整個國家，正是列强侵略競賽的場地；四萬萬陷於饑啼號寒的同胞，正是列强鞭策在握，爭相奴役的羊羣；而建築在這種社會根據之上的新聞事業，其不能與先進諸國相媲美，也並不是我們的羞辱。而同時：中國的人民，怎樣在瀕死的絕境中苦鬥掙扎，怎樣在反抗他們的侮我者，怎樣在求眞正的生活與文化的建設，怎樣不屑以虛與委蛇的態度，去向友邦乞憐示哀；而祗願接握眞正的互助與同情。這卻正是我們的自傲！

整個中國在動亂中，中國的新聞紙，也正在紀錄着爲這動亂所創造的新歷史的斷片。我們雖然沒有很裕餘的暇晷，來啣待遠在太平洋彼岸的佳賓，與日本崇誠佈置，倒屣出迎來相較，雖然是冷落得多；可是這淡漠的眞誠，是值得該團諸君在囘航道上來囘味的。

# 瓊斯與室伏高信

八月二十日(一九三五)武漢日報及十七日大公報，同有悼英記者瓊斯遇害事件的評論。

大公報題爲『被擄英記者惡耗』，評文中云『吾人由中國國民及中國報界之立場，實表萬分悼惜之意。近代以來，新聞記者爲一特殊的公人職業，其工作，乃以人類公共福利及社會一般需要爲對象，雖各有其國家觀念，但有時一能超越國家或民族自私自利之企圖。新聞記者之奔走勞作，與官商各界不同，蓋不必有特殊目的，更與其私人利益無關。大抵於認爲有新聞價值之地域及事件，輒依其興味之發動而攷記述之。記者雖一各有主觀的見解，但大體言之，凡良記者大抵有義俠與公道之心。其評論臧否，要之不爲私也。全世界之新聞記者，自其良好分子論之，對職業上，大抵有共同之興味與理想，除非爲受狹隘自私的極端國家主義所鑄鎔者之外，大抵具願主張公道。抑記者之奔走，爲盡職務，爲發揮興味之理想，其志不在贏利得權，而勞苦則甚，有時或遇危險而亦甘之，……據此義以衡瓊斯氏之行動，更有其不勝痛惜者。』瓊斯，係英國孟鳩斯德報駐北平記者，於七月偕德記者穆勤博士冒險內蒙，而于十八日在馬溝村遇匪被綁，旋穆勤被釋，而此君終于被害。

武漢日報評中亦云：『在瓊斯君具有其冒險無畏之精神，其遊內蒙也明知該地不靖，而必欲一往；彼之意志且與探險家展其兩極羽飛高空相同，固早已置死生於度外；且復願具甘結，示不欲與我國以遺恨。如此仁勇兼至，實令人心佩無已也。……對此友邦之仁勇君子，自有不能已之惋惜深情耳。誦先民「公无渡河」之詩，眞可移作今日對瓊斯者悲哀嘆息之吟也。』這是我們對于瓊斯及其死後的印像和認識。

在讀到關於瓊斯被害消息的同時，也在報上看到日本讀賣新聞的記者室伏高信最近遊華日記的記事文。（武漢日報載）是記『北平學者之會宴』的一節。其中說到中國的學者某氏稱他爲『偉大的社會批評家』，於是他一面打聽北平的排日運動，一面和宴會中之中國的學界，『自自然然的把中日關係的問題作爲說話的中心，……我們之間，很快的理解，毫無障碍的相互助印照』這惡意陰謀而導成國際之糾紛的原因，需求善意的解決之道。』說了這一些含糊不清的話。什麽是『毫無障礙相互印照？』『惡陰謀』究出之于誰？這出他口中的『善意解決之道』又如何？道樣的吞吐其詞，決非是眞正的『正義感』的表示。看以下的話便知分曉。

他又說：『我在這裏想說出來，就是日本與中國有識者結合起來。』跟着在這勾引口語之後，就又說：『以日本的外交部，來處理中日的關係，』這是他們一致的希望。使外交部存在起來，就是日本人也是這希望的。』好一個漫天的大謊啊！我們所感受的，是刀鎗的與懷柔的各面的侵略，除了夢想的完全侵略的停止以外；我們對於凡是代表帝國主義侵略政策的任何機關，不論是他們的外交或其他，都從無對此有要求選擇的存心。被打者之選擇打人者，也是不可能的事。我們何曾有此『一致的希望』呢？想起室伏君初到上海，開始在中國民衆前露出柔懷的哭臉，以『正義』作爲悅取被踐踏者的糖藥，而終還遭到日本軍人方面痛斥的事，就可窺見他幷非是憑空的爲日本外交部徒作招徠的。這自然是他個人的任務。不過任務的效果，却是撤下了全面的烟幕。

如果對於這樣解釋還不夠理解；再看他前一段文字吧：他對他自國的同胞說：『偉大的國民，是應該竭力地對外寬大，應該嚴肅的加以反省。這是日本人從祖先垂下來的道德。』他是如何的在誇張着大和民族的『優越性』和他們『寬大』的一點，而可憐的該是我們。存着這樣的思想；伏室君還能以『偉大的社會批評家』被譽而且自居的嗎？他不能是一個眞正有正義感的記者嗎？這是正與大公報社評中所謂爲受狹隘自私的極端國家主義所鑄鎔者之型相類同。本來室伏在日本的社會運動中，很早就被目爲『裏切者』的，故毋怪其然。不過，由此可以給我們一個教訓，卽是：凡對於『良記者』所表示的一『義俠與公道』，有時是很需要評量其眞實性的。

我們現在追念瓊斯，第一，是爲了他所代表的報，『對中國的國民，有一貫的好意。第二，是爲了『內蒙一帶』，就新聞界言，直一未開之地，當此東亞多事之秋，察熱近情，更惹注意，然中國報界迄少旅行該地。』而獨瓊斯，『爲職務觀念及硏究興趣所驅，』炎天奔走，其『冒險耐勢之精神，洵足爲記者之範。』第三，是爲了一個有『正義感的記者，一個同情被壓迫民族的記者，在某種同情觀念下之工作進行中而罹難，而我們對於事先不能保障預防的現實的狀勢，應當在慚愧中更有所警惕。

至於由此聯想到室伏來華的行動言論，却有一雙似乎善惡友仇的面影，對映的臨現在我們的面前。前者是殉職了。而後者却在槍砲之威勢的掩護下，做扮了假慈悲的姿態，正歡受着迎送，被阿諛『偉大！』這才眞是萬分的『可勝痛嘆！』爲了我們自己也有無數的記者，是正面向着民族危亂的狂濤，踏着他們的維艱的步履。

# 喀爾·拉狄克的剪影

喀爾。拉狄克，是當代蘇聯新聞記者的第一人。尤其是外交評論之權威，爲世界所共知。他在報章上發表文字的筆致雖是少爲近於觀念的；但鋒銳明快的論調，在蘇聯新聞界中，却是放射了特殊的光彩。

他以自由的新聞記者的地位，當在各處出入。莫斯科外交界之夜宴，他常以普通西服，悠悠游泳於夜宴服與燕尾服之漩渦中，與各國外交官及武官自由談笑議論；而有時於無意之中，他的姿影忽又已消失於外國人不許擅入之黨本部中。他更是有數的雄辯家，而不僅在演壇之上，尤以在交際席上，其富於幽默的談吐，更爲衆人所歡迎。抵掌相談與寫新聞時不同，有些人在工作時，不能隨便說的話，有些眞實的事，都可隨便說。

『你看見赤軍整齊的裝備嗎？但那自然不是赤軍的全部，那是赤軍裝備全部的四分之一，其餘四分之三是秘密的。請你去想吧？……』

……在赤色廣場參觀赤軍舉行觀兵禮之時，他毫不在乎，這樣的對一個日本記者說。

他的博識，也是很有名的。通曉世界的情勢，且富有關於遠東方面的知識。遠東舞台形活躍的人物，他多一一深知，尤爲可驚。

他曾於某次席上，對日本記者談論觀察日俄紛爭衝突等事之無意味，力說爲日本着想，不宜採取此類行動，日俄備有甚多可以接近的條件。他說：

『日本民族是强大賢明的民族，爲有偉大之將來負有組織亞洲使命之民族。但現在日本對華政策與行動，決不能稱爲賢明。設若日本誠欲將中國收入手中，而樹立在亞洲大陸上之覇威，日本應使中國有好組織，而組織中國，惟有利用中國自身之獨立性與努力，始有可能。即日本對努力於中國民族統一之中國內部諸勢力，給與援助之事。必如此，日本樹立亞洲覇權大計畫之一部，始有達成之可能。設日本實行如此之政策，蘇聯恐決不至於反對也。』云云，這是拉狄克對日本記者的談話。

他是出身於加里亞的猶太人。過去有革命家，黨人等光榮的履歷。但以前曾一時失脚加入託洛斯基之組織，一九三〇年淸算託洛斯基主義，復歸於黨。現在充任着依斯維斯契亞報的幹部。一個自由記者，表面上與蘇俄外部並無何等關係。然在下而至於浴堂都歸國營的蘇聯，無所謂『私人』的存在。他既佔蘇聯實權者黨委員會情報部有力的一席；他在實際上，且常可影響蘇聯外交的動向。

前歲日本松岡洋右赴國際聯盟的途中，路過莫斯科，拉狄克以新聞記者資格往訪，力說日、美、俄三國之關係，及日俄不侵略條約之必要。口吻類似蘇俄外交要人，而外國新聞特派員等關於時局問題有時欲求和他談話，他必毅然拒絕，謂同是記者，有何可談。法國親俄政治家埃里阿到莫斯科時，與之促膝交談者是拉狄克。而此兩年間蘇聯活動與波蘭接近，曾前赴波蘭者，也是拉狄克。

## 輓戈公振氏

眼前漆黑；我哭先生，更爲悲世運：有幾多新聞記者，竟作了新聞資料！
永遠光輝；衆念前賢，尤須策少壯，此一部報史遺作，却創立報史開端。

# 集納雜鈔

## 『集納』題解

把『集納』作爲一個學術的名辭，提出到文化界裏來，這是三年以前的事；所以到現在說來，應該不是很新鮮和生疏的了。但是，終因爲倡導不力，傳播不廣的緣故，事實上在文化界裏仍然是少有人引用這名辭，甚至是少有人直接的理解和認識這名辭。雖然由於一般文化之落後和滯進，使我們感到責任之無可諉究；但是爲集納學本身在中國的命運講，則確是一個文化問題上的憾事。『記者座談』出版前的廣告上，曾有『集納之理論與實際的研究』一語，作爲主要內容的說明，現在且先把『集納』名辭創立的由來，作一個先決的說明。

『集納』究是什麼呢？很簡接的說，就是『新聞學』的一個新的名稱。是從英語的『Journalism,』的譯音和譯義而擬定的。通常我們把關於報紙之經營與製作，以及研究報紙之社會發生，與社會之存在與發展的根據；這類門的一切的理論與技術上的學問，總稱之爲『新聞學』，而於英語的註釋，則爲『Journalism,』。但是仔細考察起來：

（一）『新聞』與『消息』同一語義，卽 News 以『新聞學』作爲代表，關於報紙上之一切的學術，似嫌狹隘。（如果僅用『報學』二字，則更狹隘了。）

（二）Journal 一字，語源於拉丁語的 Diurnalis 與 Diurnalis 兩字，原來的意思，是指爲每日日記的。後來成爲英文的 Journal 又爲帳冊，簿記，航海日錄，日記等意。後來又變化爲日報或定期刊物的名稱。現在法國的報紙，亦多稱爲 Journal 而關於報紙的學術，報紙業，雜誌業等，就統稱爲 Journalism 新聞記者及雜誌記者，則稱爲 Journalist。

這裏最明顯的，就是 Journalism，一字，除了意指每日朝夕發行的日刊新聞紙以外，還包括着定期刊物（按期刊行時間的距離三日、五日、週、月不等。）所以，如僅單純的用新聞學或報學，實在不夠作完全的說明。

再看，屬於新聞紙類的日報及雜誌的內容，除了時間性的條件之外，其次就是『集納性』

各種內容材料，必須經過搜求、蒐集、編制以及類別歸納等過程。而內容的質別，也絕非是單純專一的。所以從前有人把 Journalism，譯作『拉雜主義』，這在字面上講，未始不可。但在字義上講，則 Journalism，完全是『報導』的意義；報者，將事物之全貌作正確的報告；導者，即在報告上負有對社會的倡導批判的任務。所謂倡導批導，是根據客觀的社會的需要的，是有目的意識的，是在選擇與取捨的，而到集納的完成。至於『拉雜』，意如凌亂蓬蕪，冗玉並陳，自失之於切當。

創立『集納』這個名辭，是三年前三數個當時自命爲新興集納主義者的青年，在談論國內報章雜誌情況時，一時的感觸所訂下來的。隨時便開始在一個小型的文化報導的新聞紙上應用起來。以後並以這名辭徵詢過中國新聞學家謝六逸（任復旦新聞系主任）及任白濤二氏，他們也都表示同意；於是『集納學』，便在無反對意見下，出現於中國學術界了。

# 新聞（NEWS）語源考

關於『News的定義，』筆者以前曾謂：

『所謂「新聞，」卽是英文中的News。並曾列舉了經過許多新聞學者的研究，和許多新聞從事者所傳播的幾個成例作了一個綜合的簡明的釋解。就是：

『新聞是把時宜的報導，給與繁衆以興味而最良的新聞，是能給最大多數人以最大的興味。』

近兩三年，讀了些新的集納文籍，發現許多更新的，對於『定義』的解釋，深覺及以前所研討的，雖然通俗（簡明）但却不免失於浮淺。因此，很想從新廣泛的引證東西洋各家之說，再作一個總合的，分析的說明；藉求具體的作成一個定例的『定義』的解釋。也因此想到，對於『新聞（News）』這一個字的語源，先有加以研究的必要。

研究語源，本是屬於言語學的範疇的。這裏根據了各種新聞學書籍所得的引證或考釋，在語言學上或者別有意味，也說不定，不過語言學上有一條言語史的原則，就是凡用語的涵義，必是依於時代的不同而變遷的。所謂『新聞（News）』這一現代的用語，追溯其演化的經過，當然也不會缺出那原則，自有牠的來歷的吧。

先說英語中的 News 這一字的語源，關於牠發生的時代與場所，至於還沒有得到正確明白的語言學的解決。在各種新聞學的書中，常見的有兩種說法：其一，是省略了接尾詞之形容詞的 New （新）的複數化，加上 s 而成為 News 的。其二，即謂 News 一字，是 North（北）East（東）West（西）South（南）等各字之首一字的構成語。（見 Warren, L 氏著『Journalism』）都是根據字面的解剖，而意味着多數的新的事物，即所謂 A report of recent occurrences, or of something before unknown; 可以譯為信息、消息、新聞。也就是從東西南北四方而來的報導之謂。總之，語根的意味在於『新』，這是一般都承認的。

至於New的語源，最遠是從古印度梵文的ᄀ又＝Nava 所變成的。東巴里德里亞的戰特語是 Nava，古希臘語是νέος，νέFος 拉丁語是Novu，斯拉夫語是 HóBЫĨñ＝nôvŭ，哥德語是Niujis，古撒克遜語是Niuwe Noewe，高德意志語是 Niuwi Niwe, neu，法蘭西語是Nouveau，意大利語是Nuovo（nwawvo,）西班牙語是Nuevo（nwayoo,）葡萄牙語是Novo,羅馬尼亞語是Nou(no-oo,)荷蘭語是 Nieuw(nee-oo,) 瑞典語是ny,丹麥語是ny,諾威語是ny,俄羅斯語是Nôvy,波蘭語是Nowy,捷克語是Novy, 塞爾維亞羅克西亞語是Nov,保加利亞語是Nevy,匈加利亞語是Uj(ooy,)芬蘭語是Uusi(oosy,) 愛沙尼語是Uusi(oosy,)萊德語是Jauns(yownss,)立陶宛語是Naujas, 近代希臘語是 Kainour-yos,阿爾巴尼亞語是re,土耳其語是Yeni,阿剌伯語是gedid,世界語是Nova

據杉村廣太郎在『新聞之話』一書中並引C.約斯特氏『新聞學概論』謂:『News 這四個單字的綴成,是在一千一百年代起的。在以前曾有News Neues Niewes Nues Newys Newis Wewes 等種種的綴法。

『詹姆斯,克爾特氏說 News 一語,係由New tidings(新的報導)與News things (新的事物) 這兩語所演變簡化,自然這不是全然無根據的。因爲依C.約斯特氏之說,謂在國語的形成時代,即文法或語格都未定型的時代,筆者或說者,爲表現其自己的意思,把名詞當動詞用,和把形容詞當名詞用,這是極普通的現像。就在那樣的時代,把形容詞的 New,附s上而成爲名詞的News，更是很有可能的理由。

『New一語固然是「新」的意思；但是在中世紀的英語中，不僅當作形容詞，更當作副詞，動詞或名詞用。摩爾的名著「烏托邦」之中，有Not for a vain and curious desire to see news」之句，確是「新的事物」的意思，祇是作爲「新的報導」的意味而使用的，還不知道是從什麼時候開始的。據牛津大辭典上的詮註，最初發見用於那個意義的，是一四二三年蘇格蘭的詹姆斯第一世的勅書；而被一般使用的，是在一千五百年以後。在繆塞的詩裏，當代表此種意思的地方，全都用着Tidings之語。十六世紀聖經的英譯本內，用了二十五次的Tidings一字；但News一定一回也沒有用。沙氏比亞的著作，曾三十八次的使用News也有九次用到Tidings的。據此看來，以一千五百年代之中葉爲界，好像News就代替了Tidings了。」

可是有近代意義的作爲新聞術語的News其發生與使用，則可說是起於美國的。

德意志語之『新聞』一字，是Zeitung。這個用語，最早是從阿格羅撒克遜語之語根的

Getidan（拿來表演）一語演化而來的。北德意志語的Tidende是『風說』（傳聞）的意思；又低德意志語的 Tiden是『旅行』的意思，由此可知道Tiding一語，實是起源於『旅行奇談』的意味。原來在當時傳遞着 News 的，是行商與巡禮者等旅人的事；所以民間對於此等用語的理解，最早就與『新聞』的意味相當。自一三二一年起，在低萊茵就以這樣意義用着 Zitunge 一語，十五世紀以來，在高德意志也通行的使用了。

Zitunge即是『時間的新的事物』，到十七世紀，這一個概念大體被 Nachricht 的話所代了。但是還殘示着 Zitunge＝Zeyttung＝Zeytung＝Zeitung 的變化。十六世紀以來，作為印刷的或筆寫的紙片（拍紙簿，便箋）的標題的 Neue（newe）Zeitunge，也就是用於報導（Nachricht）的意義上的。然而，這不是指謂那刊載了 News 的紙，而是指其內容；亦即是用會話傳告的，又或以文字繪畫傳播的。適宜的解釋 Zitunge 一語，是『傳佈新聞』和『報導，』而決不即是『刊載新聞的』新聞紙。最初發現以 Zitunge 為印刷物之名的，據布克韋茨氏（Bockwitz）的研究，是一五〇一年一二月四日出現的三十行書翰體本的 Newe Zeytung von orient vnd auff gange 但據韋萊氏(Weller)則謂：最初的新聞，是一五〇五年Copia der newen Zeytunge auss pressily landt 後來，Zeituna 一語，失去了報導的意味，而變為『登載報導的』的名詞；並所謂『新事物』的意思也失去了。

法蘭西語的nouvelles與gazettes的關係，也和德意志語的 Nachricht與Zeitung 一樣，有相同的發展關係。

日本的『新聞』一語，最初就含有News的意義。但這一個語辭，並不是日本原來就有的熟字，而是自我國傳去的。但那也決不是指新聞紙或新聞物等具體的型態；祇仍是代表『News』一字的意義，恰如德意志語之新聞紙Zeitung 一字，在中世僅代表『News，報導』的意味一樣。我國在唐代，有一種單行本的讀物，是記載鄉野瑣事的隨筆，題為『南楚新聞』，這就是『新聞』這一語辭的最初的發現與使用。可是那時實際的涵義，並不是單祇 News 的意思；頗廣泛的包含着：報導市井風說，評判是非，流言蜚語，暴露珍秘等等的意味的。

戈公振氏所著『中國報學史』云：『朝野類要「邊報，係沿邊州郡，列日具幹事人探報平安事宜，實封申尙書省樞密院，朝報日出事宜也，每日門下後省編定，請給事判報，方行下都進奏，報行天下。其有所謂內探，省探，衙探之類，皆衷私小報，率有漏泄之禁，故隱而號之曰新聞。」讀此，則小報與新聞二名詞，在宋時蓋已有之矣。』

最初把 News 譯爲新聞，把 Newspaper 譯爲新聞紙的，是一八二〇年時候到廣東來的英人宣敎師。中國本稱新聞，對『報』，稱新聞級爲『報紙』；這是由於古時代的所謂『官報，邸報』演變而來的。但據辭源：『報紙今通稱爲新聞紙，』可知報與新聞都成爲通用語了。『新聞』作新聞紙的題號，日本先使用，就是日本文化二年（一八六二）的『官報巴達維亞新聞』。這是把新聞的涵義狹義化，而相當於 News 的意味。其實這也是由中國輸到日本去的。因爲中國早在道光八年（一八二八）就有外人在華所辦的『天下新聞』（原名：Universal gazette,）一八六一年的『香港新聞』，及一八六八年的『敎會新聞』等。

又據明治文化全集第十七篇小野秀雄氏『我邦初期之新聞及其文獻』中云：『一八

三〇年代，有英人羅拜脫毛理遜在中國廣東發行英文新聞。於是有 Newspaper 之中國譯語，那就是「新聞紙」。……日本將此字（新聞）用於 News 的意味，在安政年中即頗多見。在此以前，稱 News 爲「風說」，「評判」，「噂」等。而對 Newspaper 的字，則稱爲「風說書」「評判記」「噂書」等。而且安政年中的洋學者盛用着「新聞紙」之語。有時也用着「新聞之書」「新聞誌」等語辭的；但這是以揭載 News 的書物的意思被理解着，即如「巴達維亞新聞」之稱爲。有時亦指書冊之形，如中國之定期刊行物而言的。不過，如巴達維亞之原書，是印刷的單張，則名之爲新聞紙。將 News 稱謂爲「新聞」的思想，沿置得很久。日刊單張印刷的新聞，雖在發行之後，亦仍被那樣用着。所謂「本日自京都接到有趣的新聞」的語句，在明治十年前後的新聞的雜報記事之冒頭上，最所多見。日本在明治初年，於新聞紙的名稱以外，還兼用『雜誌』『雜報』的名稱。那是因爲名稱與形式，內容與體裁，都很混雜，所以沒有詳確的區別。但這是新聞紙與雜誌名稱的區別界釋的問題，這裏不暇談及了。

還有 Journal 一字，也是代表着新聞紙、雜誌、期報等的意義，在西洋很普遍的被使用着。

法國的新聞紙多稱Journal。這一字的語原，是拉丁語的Diurnus（每日）Diurnalis（日記；）即是從『每日之記錄』的意思而發生的。

又有Gazette 一字，語原是希臘及拉丁語的 Gaza （寶物）變化而來的。一般都說是由於意大利語的 Gazzetta 而發生的；因為意大利語的原意，是一種小貨幣的名稱，最初在羅馬出現的新聞紙，每一份的定價是一個 Gazzetta，所以後來這個字就習慣的被作為新聞紙或官報的名稱了。但是依據德萊斯拉氏的意見，則認為這一種解釋是錯誤的；說實在是從拉丁語的Gazetum（鵲）而來的。總之，把 Gazzetta 當着新聞的意味而使用的，最初的起源是在意大利。其『初用Gazzetta 為新聞紙之題號的，是一七五九年創刊的『Gazzetta Veneta』該報的發行人郭濟氏（Gozzi）在發刊辭上，述着孟得魯氏的說話，羅諾德氏 （Renaudot）係法蘭西最初的新聞記者；且有『早於一五六〇年，其父即以「新聞」（Gazzetta）為企望』之語。更查一七五七年出版的百科辭典，其中曾引用 Gazette 之字。是則此字或起源於法蘭西亦未可知。如然：則如 Magazine （雜誌）係由原來之『倉庫』所轉訛一樣，我們也不得不看做 Gazette（新聞）是由『寶物』所轉訛的。

茲列舉世界各國指稱新聞紙的語彙如下：

The Newspaper——英美語；La Journal——法蘭西語；Il Giornale——意大利語；El Periodico——西班牙語；O Journal 葡萄牙語 Ziarul——羅馬尼亞語；Avisen——諾威語；Die Zeitung——德意志語；De Courant——荷蘭語；Tidningen——瑞典語；Avisen——羅馬尼亞語；Gazeta (Gahzyayta)——俄羅斯語 Gazeta——波蘭語；Noviny——捷克語；Novine——塞爾維亞。羅克西亞語；Véslnik-ŭt——保加利亞語；Ahirlap——匈加利亞語；Sanomaleht——芬蘭語；Ajaleht (ajalehe)——愛沙尼亞語；Laikraksts 涞德語；Laikrastis——立陶宛語；I Ephimeris——希臘語；Fletorja——阿爾巴尼亞語；Gazate——土耳其語；Il Gornâl——阿剌伯語；La Jurnalo——世界語。

關於『新聞業』與『新聞學』的語解，就是英文字的 Journalism 這個字已成為新的學術上的名詞，在其實際涵義的內容，已不僅是如最初當作『日記』或『每日』解的 Journal 那樣；如果單譯爲『新聞學』或『新聞主義』似嫌不夠；因爲這一語詞，是代表着近代文化之一主流的。日本對於此字，完全譯音；中國則是譯音並譯義的稱爲『集納主義』或『集納學』。這還是近數年來所創用的，筆者曾發表『集納題解』一文，闡述創用的經過。現在談的雖是 News 一字的語源，但因是爲相關的，所以也簡略提及。

## 關於壁新聞

所謂『壁新聞』，我們通常都稱作『壁報』。也有稱作『揭示新聞』的。這種壁報，是在原始的『口頭新聞』與『繪畫新聞』之後，羣衆新聞的新型態之一。原是在固定的共衆場所，（或者是在一定的時間之內，因爲紙與油墨的缺乏，對多數文化水準較低的讀者，進行一種簡明的時事教育。用來提高所謂無智的讀者們對於時事的關心與興趣；並供給他們得到正確的理解與認識。同時如在革命運動的時期中，也是一種最有力的煽動的武器。如『街頭新聞』、『失業者新聞』、『軍營新聞』、『工場新聞』等，大都是持有這樣的作用而出現的。過去法國大革命，及蘇俄在革命時代乃至現在壁新聞在各部門羣衆集團生活裏從文化教育等等方面，都發生過偉大的功效。尤其蘇俄在全國的工廠、集體農場、病院、公共住宅、俱樂部等等的集合場所，都有報導屬於一般政治社會的，及屬於各自集團本身的每天揭示的壁報；壁報由選任的記者担任編輯。據調查蘇俄有名的壁報，一九二八年的時候，共有六萬；到一九三二年就突破到二十五萬了。可見壁之於社會的需要是很廣大的。至於中國辦壁報的事，也普遍的成爲各種集團生活中的日常工作。北伐時代國民革命軍各軍政部隨着軍事的進展，在各城市鄉村的壁報工作，其啓發民智，宣傳革命的功績，在政治上的效果，更極其值得追紀。

各種集納書籍，還未見到詳論壁報之製作技術的文字。我想壁報的最大意義就是在製作上的簡便；而並不具有怎樣高深的或專門的學問，其不須詳論，自是當然。不過，這不說編壁報的工作，就可以是完全無用心的。我來到×××後，參加了壁報的工作，當輪到我來編的那一天，日記上曾詳記工作的經過和意見，現在錄在下面。

九月九日（一九三五下同）：編壁報一張，並且自己謄在大幅的報紙上。素來寫不好字，恐怕寫的不爲一般讀者所認識，所以特別用心寫，這是在美觀及引起閱讀的興味上所必要的，可是眞抱愧，我既不善書，又不能畫，做出的結果，怕是『類犬』之作罷了。

至於編的內容，計共有新聞五條，分國內、國際、本省三大類——一共用了三百多字。在一張四開大的白報紙上，包括一天的重要新聞，要避免用生疏的字眼，澀難的文句，以期在目的上完成對於讀者們的如下的三種任務：

一、提高對時事的興趣，和認識的正確化；

二、推行識字運動；同時

三、進行社會常識等生活教育。

要在極簡易的工作方式中，達到這樣的要求，不是一件完全容易的事。因此，我以爲以下的幾點意見，有注意的必要：

一、除人名地名（各種固定的名詞）以外，儘量採用大衆所熟悉的別字或簡筆字，

二、爲達到教育效果，應可能的簡單扼要的，在每一條新聞中，加入說明的或批判的意

見；

三、少錄取一般讀者的智識與生活範圍以外的，關心性距離很遠的材料；

四、新聞縮編的絕對簡要化；(但不能祇抄錄報紙上的標題)。

五、社會新聞是大衆讀者興味中心的材料，不能完全拒絕，但必要注意倫理觀念和道德觀念的指示與糾正；

六、要有色彩鮮明的畫圖。

現在有許多的讀者，每天都把壁報的內容抄錄下來，我以爲這是極好的機會，有這樣好的讀者對象，正可以作爲簡易集納工作研究的嘗試。想不到在××生活中，還有做新聞記者的機會。壁新聞本是一種最初級的新聞工作，尤其在文化水準低落，生活關係簡易化的社會裏。

上面這一段日記，其中所提出的關於製作技術問題的意見，雖然看來似頗浮淺，其實是不無可供參考的。一個會做策論或八股的文章能手，不一定能夠寫得出一封順暢的俚俗化的白話；信前面說不能是『完全無用心的』，當是指此。總之，一個最高的原則，壁新聞精華內容的摘取和表現藝術，必須絕對的適應於某一時某一地的特有的讀者；而從讀者原有的要求，來發展他們更新的要求。比如說，讀者們從昨天的壁報上，知道土肥原是九一八事變的禍首，那末今天的壁報根據各大報的消息，可以有一條如下的記載：『土肥原打算長住北平，最近還想到山西山東一行，目的並未宣佈。』這樣，到第三天的壁報，便可以根據時事的新的發展，更具體的由說土肥原而說到更嚴重的民族的危機了。

# 關於作報與看報

看到本年度新年號的國聞週報胡政之的『作報與看報』一文，最引起我的興趣。這一篇文章雖然簡略的涉及作報與看報的各方面；但是她主要的內容，還是着重於新聞之製作與經營這方面的。尤其是坦白的舉發了廣告和發行的困難，及其困難的現象和原因。

胡氏本是大公報負經營責任的人，這篇短文，在新聞經營者的立場說，不啻是篇訴苦的自狀！而如果把牠當作現代中國新聞史料來看，則這篇短文，正說明了：現階段的中國新聞事業，正是開始走向新聞商品化，及其他摸擬的資本主義大企業化的進程；而正落在這種劃期的苦鬭掙扎中。據胡氏文中所表示的意見：大概謂現在中國新聞紙之社會的功能和社會的需要，是日在增長擴大。是可在新聞製作方面，不僅感到優秀人材幹部的缺乏；而且因為政治環境的緣故，更十分的感到新聞本位的報導主義，難於爭取實現。至於經營方面，整個的經濟的環境，更扼制着新聞之存續及其走向資本主義大企業化之發展的去路。因為廣告收入和報紙販賣，都受着層層的束縛。

這一些，胡文中都有扼要的指摘；也都是不容諱避的事實。但是，這是新聞之經營和製作的本身的問題嗎？當然不是的。我們祇要一看無一樣不是落在崎形狀態中的中國社會的各種企業，無一種不是在：一面遭受着種種的壓迫，而一面却又在掙扎向上的苦鬥的現象；就可知道新聞事業的困難，不是新聞業者自身所能完全解決的。一切的社會矛盾現象，都經過新聞紙之機能，再現於社會大衆之前；而由於社會矛盾所孕育的新聞經營的矛盾，也就因為新聞具有特別的存在機構，而有特別顯明集中的表現。所以，我們觀察現階段的中國新聞事業，雖然在掙扎苦鬪中，結局是否果能達到資本主義商品化，大企業化的問題；是不能根據作報者與看報者僅僅對於報的本身的合作努力而能判斷的。其最後的實際的决定，還是在於根據整個的政治與經濟的環境如何。雖然作報者與看報者運用其共同存在的關係，發揮那基於客觀的需要所產生的主觀的功能，給予社會的影響固然很大；但是在中國目前的情況下，那功能的力量，終竟是頗爲有限的。祇要我們認定中國是不會走到完全資本主義化的，（那種很理想的）地步；也卽可以測定，新聞經營之走向大企業化的這種進程，是不會有怎樣偉大的前途的。此時順着環境的趨勢，所能做到的，也无非是苦鬪的將就，卽掙扎的應付，和對於歐美日本之大新聞企業的羨望，與試行的摸擬能了。

我們今日的新聞經營，是有特殊的社會背景和特殊的需要的，雖然胡文並未討論到我所提到的問題，但是我所提到的問題，却是由於胡文的敍述而簡接提供出來的。所以我的意見的結論，也是很同意的胡文最後所說的。『我們敢說：中國報界新生命的成就，比世界現在已成功的任何報紙，還要來得偉大！』祇要報紙經營者，眞能注意到讀者的需要，而能取到廣大讀者羣衆的熱忱的擁護。

## 談無線電播送新聞

當無線電新聞放送將開始風行的時候，在各國新聞界裏，一時引起了騷然的議論：無線電新聞，是否將侵入所有的新聞報導機關呢？卽是說無線電新聞，是否會奪取了新聞紙之地位而代之的問題。各國的新聞機關與放送機關的當事者，曾有許多的討論，到現在無線電新聞，完全風行的此時，經過事實的體驗，大抵得到了最後的共同認識；否定了無線電之新聞放送，會招致新聞紙存在的被侵損。而兩者實是併立進展的。

這一兩年來，逐漸的看到無線電機裝置增多；街頭鬧市中，商店爲招徠顧客而裝有播音器。中流以上的家庭，也大都以無線電收音機，代替了以前對於留聲的需要，事實上商店爲廣告宣傳，家庭爲消遣娛樂，已來到了無線電的大流行時代。可是用於新聞之放送的，到此時爲止，還未完全的普遍化。依個人的觀察，上海（現在當然尙不能論及全中國）無線電播送新聞事業之不充分的發展，這現象絕不是社會羣衆之不需要而是新聞機關（各報社）之怠於爲社會服務的職志；同時也是尙未能充分的認識無線電於現代生活的偉大功能。因此我們有喚起新聞界注意這問題的必要。

無線電新聞放送在上海最先表現牠的威力，怕是在一二八滬戰的時候吧。那時社會上一切情況混亂，住處在安全境中的人們，由於對閘北戰事的關心，到處都看見他們沉默嚴重的圍聚在無綫電機的四周。雖那時對戰事新聞的放送，其迅急緊張的程度，與內容的詳盡，不能饜足一般人的要求。事實上在或種非常的情況之下，愈是能使無綫電毫無遺憾的發揮其報導的作用。從其對公衆供給新聞之一點看來，報導的使命與目的，是與新聞紙相同的。所不同者，新聞紙是以紙爲媒介物，將消息示於讀者之目；而無綫電則是依發音器以消息訴於聽者之耳的。這是兩者機構上雖有不同，但目的上是相同的。

自無綫電播送新聞誕生的當時，所憂慮與辯論的中心問題，無非是恐懼無綫電播送新聞之興，將促使報紙新聞事業之衰退，尤其現在各國無線電新聞放送設施，日見活躍發展，上述的問題，也增厚了其重要性。

我們檢討一切關於這問題的議論，大體可以分爲悲觀與樂觀兩說。據悲觀論者的主張，無線電新聞之速度，遠駕於報紙之上，因此，可以使世人失去其對於所謂新聞紙之生命的新聞的興味與聲價。反之，據樂觀論者的主張，無綫電與新聞紙有其根本的不同，雖然無線電在速度上駕凌一切，但無論如何，終不能有放送內容的記錄，新聞紙之發送，固遠不及無線電，可是在能充分的記錄內容這一點上，則是足以彌補速度不及的快憾而有餘的。並且新聞紙之採載範圍與量之廣汎，亦絕爲無線電所不可能。所以無線電新聞，第一是便利於非常時之突發事件的播送，第二，一般的便利於文盲及不日常閱報的人（這一點，祇能限於中國的情況而言）新聞紙如其能從無線電新聞之存在，而加以劃期的改進，依於其獨特的本質功效而加以改良，則所講受無線電新聞之威脅云者，根本不足道了。甯可說二者都是併存共進的。美國國家放送局局長愛諾福氏和聞名的新聞王哈司特氏，都是如後一說的樂觀論者。

愛諾福氏的意見謂『報紙與無線電之主要職能，都是爲公衆服務；公衆都要求新聞，而被要求的新聞，卽是最新發生的事件。通訊社，新聞社等，利用電訊電話以及無線電，不惜片刻的努力於新聞之傳遞，但是無線電的新聞播送，比較經過印刷技術而供人閱讀的新聞，在速率上有極大的優勝，因爲不經過種種新聞製作過程與發行綑，使得與新聞事業有關之事件與讀者之間，沒有時間隔絕的裕餘，不能發生映象的批評作用。研究進步的新聞放送局的實際經驗，爲那些還不十分了解放送的人，鼓動他們對無線電新聞之聽取的慾求，使得一般的社會羣衆，從播送上可以隨時知道新聞的概略：而再從報紙的記載上，詳細的了解新聞內容之一切。無線電是等於報紙一樣的都是把日常社會情事傳達於公衆的媒介物，各有其特長，而決不是對立競爭的，都是爲大家服務的。』

其次，新聞大王哈司特氏的意見，也說無線電新聞無害於新聞紙之存在，事實上自從無線電新聞興行以來，新聞紙的讀者，反較從前更爲增加。而且廣告之揭載要求者，亦同樣增加很多。所以，我以爲無線新聞是與活動寫眞乃至自動車等一樣，都不足害及新聞紙的這一切東西，衹是更廣大了人們興味之範圍，而予新聞紙以尤多的發展機會。這兩個人，前者是無線電放送事業之代表的經營者；而後者又是新聞事業之代表的經營者，他們關於這問題意見，全然相同，這是頗有供於研究者及實行者之參攷的。

由此看來，所謂悲觀論者之唯一的根據，不過是因爲無線電播送的新聞之速度，超勝於新聞紙這一點而已。自然，在現有的報導機關中之一切，其超時間與超空間的特長，無有能及於無線電的，這是無線電新聞足以誇爲報導之唯一武器的由來。然而其與新聞紙之機構之根本相異，這僅是近代科學所賜與的機能的問題。終究這所謂卓越之武器的無線電，在反面還有許多不及新聞紙之缺陷，是立卽可以解決了兩者對立競爭這論見的。

我們就考察事實。比如某處有一事發生，無線電之播送，必定先於新聞紙之揭載，對於已經聽過無線電報告的人，再來看新聞，事實也許要失去多少興味。從電波所傳達來的新聞比之於從活字，照像，而經過編緝的報紙，其所得的新聞印象，自有不同。但在現在的情況之下，無線電播送的新聞，對煩雜的數字，較生疏的外國人名地名等的轉送，都憑言語的報告，於公衆澈底的明瞭或記憶上每每極感困難，則非依賴新聞之解决不可。這又就是所謂確實性之差別的問題。還有最大不便的地方，就是收音機裝置之不能大衆化，而聽者又必得受時間之束縛，這點又是新聞紙的勝處了。新聞紙祇須入手一篇，無論何時何地，都可以隨閱者之自由處置。至於其他如新聞表現的式樣，新聞材料之採擇等，那是兩者各從其機構之不同，而區别進行的。兩者共同分担報導的任務，確立其分野，在此開始與行的時期中，對於所謂領域侵犯問題的懷疑，自然可以冰釋了。

這裏還可看日本的實例，自九一八他們所謂滿洲事變發生，繼之國聯的外交，世界運動大會等非常的重大的事件，都客觀促起日本無綫電新聞事業之趨極度的發達，可是日本所有的新聞紙，無論朝刊或夕刊的銷數，却並未因此而感受到的影響。這是日本新聞研究所及東京各大新聞社，通訊社等，與放送機關，在本年一月特爲此爭論問題而召集愼重協議會，檢査事實後所公佈的結果。

無綫電播送新聞，從各方面看來，都不是有害於新聞紙之存在與發展的。反之，祇是更有利於社會大衆，我希望中國尙未發展的無線電事業與幼稚的新聞紙經營雙方的關係者，都注意這互助的科學進步上的發展運用，質之新聞界高明，以爲如何？

## 一 活版印刷術的發明

促成了近代新聞紙的發生的有三個必要的要素：就是伴隨於社會文化的進步，人們一面有了對於 News 的要求，一面又有製紙術與印刷術的發明。關於紙之製造與印刷術的最早發明，是我國對於人類文化最光輝的貢獻，本早爲今世界所公認。可是筆者在迻譯『新聞法制論』（榛村專一著）一書時，却發現該書中竟有如下的話：新聞紙在『書簡新聞』的時代，其社會影響力的範圍甚爲狹小。然自古敦堡氏（Gutenberg; C1300－C1468）活版術之發明，（一九四九年頃）（在日本幕末之頃本木昌造1823—1875被視爲西洋活版術的鼻祖。）及輪轉機的製作（一八四八年），紙型法的發明（一八二九年）乃至最近電光輪轉機等高速度印刷機的利用，使新聞紙有了大量的繼續的作製與頒佈的可能，於是新聞記事給與社會大衆之影響力的範圍，因而廣大。眞正活版的發明者，係我國宋人畢昇，早於古斆堡氏數百年。據『中國古科學』（韓雲岑作，載『科學的中國』六卷七期。）一文中關於最早活版術發明的記述，如下：

宋人畢昇以刻版印書，工程浩大，所費甚鉅，且每書一版，功用狹隘，因從事研究，發明活字版：此仁宗慶歷間（1041—1048）事也。畢氏之活字版，就原理言之，卽今日之印刷機也。

宋沈括『夢溪筆談』，載畢昇之活字版甚詳，謂字模以膠泥製成，每字一印，火燒令堅，先設一鐵版，蓋以松脂臘與石灰，排印時則另以鐵範置於鐵版上。排字滿鐵範，稱爲一版，就火煬之，則藥熔化，更以平板按其上，令各字模成一平面，宛如刻版，以墨塗其上，則可以印刷矣。

後元人王楨，亦有活字印書之發明，其法附於楨所著『農書』之後。明弘治嘉慶中，無錫人華燧，安國先後瓶行銅質活字版，爲今日鉛字之嚆矢。淸高宗時，韓人金簡，以棗木刻字，創木質活字版，高宗賜名曰聚珍版，簡著有『聚珍版程式』兩卷，言其法甚詳。

我國發明活版印刷術的經過，這裏已經說的很淸楚。又見『用紙問題之研究』（唐凌閣作，載『東方』三二卷一八號）一文，其中亦云：

紙世界(Paper World)這個名詞，在現代應用乃是最確切的了。造成這現代紙世界的，有三大工業：一造紙，二印刷，三墨油。這三項工業，最初均肇端於我國，蔡倫以魚網破布造紙，這在紀元後一百零五年。墨版印刷，發明於唐宗益州而昌盛於五代兩宋。畢昇發明活字版，亦早於德國古敦堡四百年。……

造墨與造紙，都是印刷事業存在上所必要的兄弟事業。西洋的造紙術，也是由我國傳去的。蔡倫於后漢和帝元興元年（一〇五）在洛陽上奏發明製紙法，其后不到百年的時間，就先經敦煌而傳到域外，斯坦因博士曾在樓蘭發現后漢時代的古紙，當是西紀二百年前后的遺物，樓蘭正是古時歐亞通路必經地。關於這問題，日本的中山久四郎，還曾根據了卡德氏（Carter）所著『中國印刷術之發明及其西漸』一書，編製了一個中國製紙法傳入西方的年表。這裏姑且不談。

我們既然知道了機械化的印刷術發明的經過，現在再看看在未發明以前的時代。據說最初把人類自己的觀念來作客觀表現的負載物的是石頭。甄特王的『石文』摩西的『十誡』，以及石鼓，石經等，都是在石上鐫文作記載的。其次是金屬，如尼蓋亞法王龍第三世的銀板信條等。在古代埃及、巴比倫、亞志西利亞，也都曾作過石碑，粘土木版上的刻文，那都是先在軟的粘土上刻文之後，待其乾燥而成的。在希臘，羅馬也有在布或皮革上塗上墨汁而作捺印的。

中國在畢昇發明活字版以前，最早也是刻石，而後有刻木。據『中國之古科學』文中所述，謂：書籍之刊刻，爲刻版印刷之前身，……以後魏間之『石經』爲最早。漢靈帝博士試早乙科時，有行賂改『蘭苔漆書』而求與其私文合一者，帝乃使蔡邕等書經文於石上。石經之刊刻始於靈帝熹平四年（一七五）因稱『熹平石經』又有今字石經』及『一字石經』之稱。以其所刻之字體爲當時通行之隸書也。』三國時，魏廢帝正始中復使衞覬等以古篆三體書經文於石上，曰『正始石經』亦稱『三字石經』。

其次，關於刻版印刷，謂元稹於白居易『長慶集序』中，謂白氏詩集，已有繕寫刻印衒售於世者。則刻版印刷之術，於唐之中葉（八世紀末）已登成功之境矣。至唐末五代，刻版之應用漸廢，私人刊刻書籍之風乃盛『册府元龜』載馮道之言，謂吳蜀之人鬻印刷文字色類絕多，於此可見一斑矣……。後唐明宗長興三年，因馮道之請，乃刻版印行『九經』，經廿一年始告成功，時爲後周太祖廣順三年(九五三)。自是以還復經官廳之提倡，文人之贊助，刻書之風大盛。及至宋初，郡府書院家塾書坊所鋟之版皆充棟矣。

這裏一點簡略的引敍，可以完全看出我國古文化的發達，及印刷術的成立與進步。那末，榛村氏爲什麼說本木昌造是西洋印刷活版術的『鼻祖』呢？我們一看小山氏的『新聞史篇』就明白了，他說：在我國(日本)嘉永四年，長崎之本木昌造最初習得鉛製活字的鑄造法。』原來這本木昌造，不過是日本人中懂得製造活字的鼻祖而已。照年代算計，也不能承認那前一種的鼻祖之說，想是筆誤。

總之，使新聞記事的影響範圍廣大化，固然新聞紙製作還是主要的手段；不過自更新的科學不斷的發明以來，我們知道這種僅供視覺之閱讀的印刷術，已經不是唯一的了。因爲無線電播音的新聞報導，有超於新聞紙以上的更廣大化的優勢；最近更有『發聲新聞』的發明，都是表示聽覺將更簡便的來代替視覺的功用了。至於已經發明了的『點字新聞』，崗供給盲人摸識的那却又是觸覺的運用。因此，我們研究新聞印刷術，此後的視野，將更複雜廣大了吧。

# 『瓦版讀賣』與初期日本新聞

日本新聞紙之最初的起源，一般都說是自江戶時代的『讀賣瓦版新聞』而開始發達的。其實早在文化二年（一八六二）就有『官板巴達維亞新聞』，及其次的『官板海外新聞』，『官板海外新聞別集』等的發行，崗以從事外國新聞紙的翻譯的。到了明治元年，（慶應四年，一八六八）的二月，柳川春三氏之發刊『中外新聞』這才可認爲是日本人最初自行創辦的民間新聞紙。不過，現在日本的集納學者，仍多認爲『瓦版讀賣新聞』，是日本新聞紙之最早的起源。

有現今所說的新聞紙之意義的新聞紙之出現，在日本，實是明治維新以後的事，在德川時代，當然還沒有所謂新聞紙的，不過那時有一種記載社會上新發生事件的單張摺帖，在市上讀賣，迅速的發行，即所謂『讀賣瓦版』。『瓦版』是一種新聞紙類似物，雖不能謂日本新聞紙是由此而發達的，但牠的內容的確具備着新聞紙的胎型，專以記載火事、地震、洪水、自殺、仇討、畸形兒之出生等所謂珍奇異聞。至於爲什麽要稱瓦版呢？雖然有說是一種粘土雕刻所燒成的瓦，以作爲印刷的原紙的，但實際的恐怕還是一種粗造的木紙，不過印刷了出來模糊恰似是瓦版所印刷的，故相習的就被稱爲瓦版了。而『讀賣』則是叫賣的意思。

日本此種讀賣瓦版新聞，最早開始盛行的貞享元祿年代，當時的幕府，爲風俗的取締，曾幾度禁止其發行。在貞享元年（一六八四）一一月，曾頒佈『讀賣禁止令』後在元祿一一年（一六九八）二月，及正德三年（一七一三）五月，都有同樣旨趣之『町觸』（一種街社的佈告）。——略謂：『町中有以小歌時事，並以之板行發賣者，供家主之吟味，凡此一切板行，尤其有在辻橋賣候者，即就其町逮捕着送番所。……』云。其後享保三年及至六年、七年，曾屢次頒發關於讀賣禁止之布令，但讀賣瓦版之出版者，仍有未正式加入『板木屋仲間』（出版同業組台）者，不依正規之出版手續，而祕密出版者。至寬政五年（一七九三）八月，始有出版取締令，嚴限此種板行者，必須加入『仲間』因爲祗是幕府的禁令，所以依然還有不少祕密出版的。

瓦版既是胎型的新聞紙，所以牠的發生是具有着比較新的時代意義，這就是表示當時的人民，有擴大社會生活的精神的要求；——要知道社會新發生事象的慾望增强了，歡迎着關於新事物的報告。不過，當時以作此種報告爲職業的人爲投合一般社會的要求，所以，他們這種讀賣的新聞報告，並不一定完全是根據的事實的。憑看傳說，以訛傳訛，是很通常的現象；而向壁虛造的也不少。總之，其內容是必須很神奇，卽使是很平凡的事件，也必定是誇大渲染，使其神奇化。

茲擧瓦版之一例，註明出版時間爲：『文化十癸酉歲七月吉辰』沒有詳細的日期。其題爲：『安全橋之由來』先繪上兩個持着竹筒的人，本文則云：『抑常州筑波郡飯田村，有小橋名安全橋，自昔有乳汁流出。汲其橋上水而飮之，卽時出乳者，極爲衆多；此外亦能用治諸病。妙事傳聞，遐邇咸知。及於今年，其靈驗更盛。尋訪其由來，緣係近村有名岩崎者，以某氏之妻每於乳水不足時，迎汲此水飲之，卽日卽有極多之乳流出。因思博其妙德於諸人之不知，乃作歌一首，立置橋端，往來諸人見此，互相傳告各方人等因羣集趨迎吐水，以期名水之能治百病，得保人體之安康，故村人以安全橋名之。蓋世之稀類之醴泉也。考於和漢之歷史，亦見有德淵泉流出醴泉之事；殆此爲萬民安全之吉瑞與夫卸代之祥兆者歟。」很可以看出那種粗率的報導的情味的。

在中國，也有一種類似於瓦版讀賣的新聞，至今仍然存在着；且頗盛行於都市附近的縣市村鎭。其與日本瓦版最大的差別，就是以圖畫爲表現內容的主體；圖畫又是連環畫，以四幅，六幅最多是八幅，將新聞內容分段順序描繪出來。至其內容，大多類似此瓦版之例，記着什麼怪胎或各色各樣的神異之事，以及奸淫盜賊，縱火逆倫等的瑣聞。在社會上有非常事變之時候，如戰爭發生，則編印各種不正確的戰報，或是刊載關於戰爭中的傳說軼聞。其所記的內容，多屬不可稽考，畫自然也是很拙劣的。據筆者以前所搜集的，都是用國產油光紙單面石印的，篇幅比新聞紙之八開略小，其粗率與模糊不顯的墨刷，也大有想像中瓦版的古樸風緻。當可稱之為原始的新聞之一種。

日本最初期的新聞紙，是從翻譯外國新聞而發達的。其最初，係由幕府之蕃書取調所（後改洋書調所）的教授們翻譯在爪哇的巴達維亞(Batavja)所發行和蘭文的報紙，於文化二年(一八六二)年發行了『官板巴達維亞新聞』而由江戶書所萬屋兵四郎發賣，并且是用木活字版印刷的，這是新聞這名稱在日本之最初的出現。其次在該年之八、九、十月中又有了翻譯巴達維亞新聞及紐約新聞，而發行的『官板海外新聞』及『官板海外新聞別集』等。又有於是時翻刻我國香港甯波之漢字新聞的官板的。

隨後有約瑟夫喜珂(濱田彥造)的『海外新聞』，是最初的民間翻譯的新聞。濱田彥造係播川人，在嘉永三年(一八五〇)十四歲的時候，為名為榮力丸海船的船員，航海江戶至兵庫的途中，在遠州灘逢暴風墮海，適於太平洋漂流中，為美國的船所救助，就歸化於美國，稱為

Joseph Heco 日人又呼其爲『阿美利加彥造』他於安政六年（一八五九）歸回日本，卽於元治元年（一八六四）在橫濱發行『海外新聞』係用木版假綴者。全如前述的以翻譯爲內容。

翻譯新聞之後，最初由日人民間自行創辦的和字新聞是明治元年（慶應四年，一八六八）二月發刊的『中外新聞』。在慶應四年三月二八日該新聞之第九號上曾發表其主張曰，『近頃京都有稱爲「太政官日誌」之書板行世；倘其爲朝廷之公告，竊恐有比較於吾等之社會著述。如然則欲言此中外新聞爲行於民間之新聞紙之濫觴，要亦非過常者歟。』此新聞的發行人是柳川春三，用木活字版印刷，頗有好評。自此『中外新聞』發刊以後，企圖相繼發刊新聞紙的人很多，其主要的有：幅地源一郎的『江湖新聞』，岸田吟香的『Mosiho』草，辻新次的『遠近新聞』，『橋爪貫一的『內外新聞』等。

在明治元年五月，福地源一郎（筆名『櫻癡』）以佐幕的記事，觸犯官軍之忌諱，福地本人被拘禁，『江湖新聞』的板木被沒收，禁止發行。這是日本新聞記者處刑，及新聞紙被禁止發行的開始。當時跟着『江湖新聞』的事件，有很多的新聞紙，都一時被禁止發行。但不久後，會津藩亦被官軍降服，鎮定了東北的戰亂，因此新政府於明治二年二月，由於細川潤次郎氏的建議，再發出布告准許新聞紙之印行。並設新聞紙印行條例。於是柳川春三首先申請發行許可，於三月將『中外新聞』改題爲『官准中外新聞』此外，追隨而相繼發行的新聞，很不少。

明治三年（一八七〇）一二月，在橫濱發行的『橫濱每日新聞』，用鉛板活字和洋紙印刷的單張日刊新聞，這日刊新聞，是日本最初的有近代意義的新聞紙。自此日本的外國文新聞，及外國人在日本所辦的和文新聞，都相繼發生。

初期的日本新聞紙，從經營的表面看來，固然都是屬於民間所創辦的，但當時新聞雜誌之大部份實際都是由幕臣之手所發行。而且那時候有名的新聞記者，大多本身就是幕臣，例如『中外新聞』的柳川春三，『東京日日新聞』的福地源一郎，『報知新聞』的栗本鋤雲，『朝野新聞』的成島柳北，及『每日新聞』之沼間守一等，這一特殊的現象，可以表明本日新聞紙自最初的誕生起，就和政治界發生了直接或間接的姻緣。

# 日本記者在火線上的活躍

中東路談判又告決裂，大批俄員復遭逮捕，日俄雙方之海陸空軍，不斷向北滿邊境配備集中，在兩方函電警告與抗議中，作爲戰爭先鋒隊之新聞記者們，也都紛紛奔向莫斯科，東京，滿州里，哈爾濱等地集中各各站在其自國的立場上，公開或祕密的，從事於誣蔑，僞造，煽動，諜報等等的活動。哈爾濱日文報『伏里米亞』『西蓬』等，刊載『蘇聯路員之住屋內，設有巨大之軍械庫』及『所有蘇聯人民均須逐出滿境，中東路必需交與『滿洲國』鐵道部等等消息和言論；而同時另一方面莫斯科之政府公報及塔斯社等，也正不斷向全世界播送蘇聯和平政策的宣傳，與日報之造謠，挑戰等對立着，開始了戰爭先鋒隊的猛烈的新聞前哨戰。這已說明可怖之戰爭卽將到臨。我們爲求明瞭日本新聞記者在戰時之活躍，且在此二次日俄戰爭之前夜，一述二十年前，第一次日俄戰爭中之日本的新聞活動。自也是很有興趣的事吧。

一九三〇年九月，日俄兩國，因朝鮮與滿洲問題，國交日趨險惡，大阪每日新聞社，鑒於兩國形勢緊張，當派經濟部員佐藤政次郎赴韓，從事於朝鮮之國情民生產業等等的調查，並著載『朝鮮經營論』，以物產豐富亟待開發等言論，逕引日本國民對朝鮮之注意，一面復不斷以俄國在朝鮮之專橫兇惡陰謀侵略等等爲主題發表通訊，加深日本民衆對俄之反感；同時復派政治部員中西淳來華在北京刺探中俄兩國間之機密；太田原在文赴韓，改裝偵察京城，義州，鴨綠江上流等地之動靜。

同年十月下旬，兩國形勢更趨險惡，於是又派經濟部員石川良道赴仁川，與京城駐在員中島司馬之助，聯絡活動，翌年一月，日本向俄國提出最後通牒，海軍陸軍，陸續出動，於是鵜崎熊吉奉命赴佐世保，擬充海軍從軍記者，西村利之助與通信部長相島勘次郎同赴海陸衝要之下關，設立大阪每日通訊部，擔任一切通訊聯絡事宜，此外又派奧村信太郎爲第一軍從軍記者，杜則內信爲第二軍從軍記者，太田原在文爲三軍從軍記者，和田天華爲五軍從軍記者，鈴木清節則以酒保承包人名義，隨同第三軍十一師團出發。

一九〇四年二月八日，日本第二艦隊首先向旅順俄艦襲擊，大戰於以爆發，京城駐在員中島與仁川特派記者石川，於砲聲隆隆中向大阪報社拍發日俄開戰之第一報，同時陸軍亦於是時由仁川上陸，由京城進至平壤。翌月下旬日本第一軍十二師團，向鴨綠江前進，當時該社政治部長高利太爲求戰報敏捷，配置通訊連絡爲四段，一、最前綫爲第一軍隨軍記者奧村，二、在平壤爲通訊部副部長福良虎雄，三、駐京城爲中村，四、駐下關爲通訊部長相島勘次郎與西村利之助。

當時陸軍對新聞記者取締極嚴，因俄探之活動，鎮南浦以北均不許記者活動。福良虎雄爲探聽綠鴨江上之戰報，遂改扮商人，潛行來往至鎮南浦時，適逢奧村派來之專使，攜帶四月二十六日鴨綠江第一次渡江戰之戰報，當時因鎮南浦電局擁擠，改送仁川電局發出。

戰地通訊員所最感困難者，爲如何使戰報迅速又正確傳至報社。寄戰地郵政，則不能特別迅速，且常遭扣留，託人專帶人選殊感困難，因此，奧村於隨軍出發中，卽沿途注意物色適當人選，旋見中津新聞記者安藤，爲人機警誠懇，且屬同鄉，遂常與之親近，經多次懇談，結爲同伴，於五月一日攻略鴨綠江九連城後，奧村遂以該項戰報通訊，託安藤搭乘政府公船帶至下關，交下關駐在員西村，以至急電報發至大阪報社，當時之大阪每日新聞，卽因仁川海戰與鴨綠江大戰戰報之特殊敏捷，獲得無上好評。

此外如松則內信鈴木清節等，亦均親臨火線，與士兵共同生活。爲避免通訊被檢査扣留，常潛至無檢査之地域，寄發戰報，並常以出征軍人之火綫生活，發表長篇通訊，以激發後方民衆之情緒。

至下關駐在員西村，則除整日整夜收發一切戰地通訊外，且常至來往前線之政府公船上，訪問傷兵，從實際參戰之士兵處，獲得不少珍貴材料。

當時該社對海外通訊，亦特殊注意。在北京、天津、錦州、山海關、營口、烟台、上海以及倫敦、華盛頓各地，均有該社特派與特約記者之活動，其中尤以華盛頓特約通訊員卡爾阿拉弗靈最爲活躍，於一九〇四年七月，曾親赴俄國刺探實信，著有『戰時之俄國』長篇通訊，在該報連載至三個月之久。甚得當時讀者之歡迎，又因阿拉弗靈在美善於交際，故能最先獲得美國總統斡旋和平之消息。

當出征記者在前線縱橫活躍之際，後方營業局與編輯局亦倍益緊張，營業局長桐原捨三，爲避免無謂之競爭，首先與大阪朝日新聞，締結協定，不許低價賤賣，並共同限定由每月四角五分之定價，漲至每月四角八分，同時運用智力，謀發行與廣告等等之開展。

編輯方面的主幹，爲渡邊巳之次郎與高大利太等。彼等於分發各採訪記者出發後，即指揮織田東高繪製『遠東形勢一覽圖』，以分送讀者，該圖之繪製，除山河形勢外，並示明當時日俄雙方在韓滿之動靜，使日本國民瞭然當時遠東之形勢，同時又特派記者於預想大戰之地點，詳勘地形，以作地圖，待戰事爆發後，隨戰局之變遷，發行『戰局一覽圖』『圍攻旅順圖』等等，並於每次刊載戰報通訊時，插入戰局地圖，使讀者對戰局眞相，更形明瞭。

戰報與通訊，不斷由前線傳來，編輯人員，可以最迅速的手法，不斷的發行號外，總計當時自一九〇四年二月戰事爆發起，迄一九〇五年九月和議條約公佈日止，總共發行號外達四百九十八次。當一九〇五年新年，日軍攻陷旅順之日，該報特在中之島劍先及湊町車站前之廣場上，於號外中夾放爆竹，在辟拍轟隆聲中，滿天飛揚攻陷旅順之號外，引動全市民衆之狂熱與注意。

此外該報爲鼓舞民氣與慰勞出征軍人，曾三度主辦提燈遊行會；贈閱免費報紙與出征軍人；於戰爭開始時，派員赴梅田驛犒賞出征軍人；戰爭終結後，又派員赴梅田驛犒迎凱旋軍人；當戰事猛烈之時，著論鼓吹戰爭，募集軍費；待和議開始之際，又與大陂朝日等發起反對和議運動，竭力主張繼續戰爭。

日俄和議，終於在美總統斡旋下，於一九〇五年八月二十九日成立，大阪每日新聞，在此次瘋狂戰爭中，僅以一九〇四年二月戰爭發動時起至一九〇五年一月止一年中支出總額爲三十四萬四千餘元。在此，試統計其支出細目如下，以備參考：

| | |
|---|---|
| 號外發行費 | 八六、五一二、四九二元 |
| 從軍記者各費 | 二〇、五八五、〇〇〇元 |
| 臨時國外特派員通信費 | 四四、一九二、四〇〇元 |
| 常設國外特派員通信費 | 二三、一一九、六九〇元 |

| | |
|---|---|
| 常設國外通訊員通信費 | 四一、五五〇、七〇九元 |
| 臨時內地特派員各費 | 三六、〇二九、七五二元 |
| 內地特派員及通訊員通信費 | 三三、七一一、三〇二元 |
| 軍隊贈閱新聞紙原價 | 九、一三〇、〇八六元 |
| 遠東地圖發行費 | 四、三八七、〇六〇元 |
| 軍務服役者扶助費 | 三、〇七四、五〇〇元 |
| 社員及職工臨時支給費 | 二九、七七九、〇一〇元 |
| 將校照相費 | 六五四、四四〇元 |
| 慶祝勝利費 | 一、二六四、五一〇元 |
| 其他雜費 | 一〇、三七二、八五〇元 |
| 合計 | 三四四、四八四、九一二元 |

可是今日之大阪每日新聞，已非三十年前可比，既擁有大量之資本，新式之機器，敏捷幹

練之人材；且更備有大阪至東京之無綫電話，十架以上之輸送飛機，利用飛機速力，輸送通訊與寫眞。當九一八，一二八對華作侵略戰時，該項飛機曾隨同陸軍省屠殺中國民衆之軍用飛機，在東北與上海之天空活躍，獵取誣蔑中國民衆之材料，以戕害中國民衆。不久之將來，該項飛機又將飛躍於滿洲里哈爾濱西比利亞之天空，一顯其『侵略國』新聞記者之特色了。

## 美國集納人之素性

人之遺傳及其幼時之環境，均影響於人之後年事業，此說現已不僅爲人類學者及社會學者所獨有之觀念。在敎育事業，高等職業，以及一切事務界上所表現之事實，已確切證明此二要素在人們處世上之重要性。

有人以爲在人之精神與身體的特色之形成上，遺傳的影響，較重於幼時的環境。同時，又有人以爲在遺傳特色之向上與改造上，環境影響之效果，實重於遺傳。但無論如何，遺傳與環境，在個人的生活上，受着極大部份的影響，却無可否認。

但在研討美國集納人（Journalist）之社會的經濟的背景之方法上，則與其努力指摘其遺傳與幼時環境之特殊的結果毋甯確定其社會的並經濟的一般背景，而努力搜求美國的日刊新聞及雜誌記者係怎樣的社會階級出身？同時此種社會的及經濟的背景，在這些Journalist之最後成功上有着怎樣的關聯？在此，試一查美國Journalist之三代的主要職業之報告。

美國集納人之前二代的最大階級，爲農業階級。總數爲二百另三名。次多者爲二代前之小商人：此小商人每年營業不滿五萬元，其總數爲六十九名，其中屬於高等職業者共六十八名，計牧師二十一名，律師十一名，教師七名，醫師七名，新聞雜誌記者六名，大學教授三名，政治事務所所有者三名，軍人二名，技師一名，其他七名。

再次爲二代前之熟練勞動者，計五十二名；下級頭目勞動者計十一名，大事業主計十七名，上級勞動者計十一名；此外，僅書記或販賣人三名與不熟練勞動者五名而已。

迄前一代，其社會及經濟的背景之狀況，均略有變化，農業階級在美國集納人中已不能占有第一位，而降於第三位。當時，占美國集納人的最高數量者，爲高等職業者，總數計一百六十二名，其中新聞雜誌記者四十一名，律師三十四名，牧師三十名，醫師二十一名，教師十一名，技師五名，大學教授四名，軍人三名，政治事務所所有者二名，藝術家一名，其他九名。

次於高等職業者，爲小事業主，總數計九十名，再次爲農民，總數爲六十九名，在這裏，是說明二代前之農民，在下一代，多數已被高等職業階級，事業階級，以及熟練勞動階級所吸收，此外，熟練勞働者計五十一名；下級頭目勞働者計四十九名；書記或販賣人計二十七名；上級頭目勞働者計二十六名，大事業主計十八名，不熟練勞働者計十三名，總之，在這一代裏，表示着最大數量之增加者，爲高等職業階級，其總數爲一百六十二名，在此一百六十二名總數中，顯然的有半數以上，係出身於農民階級，同時，在另一方面，事業階級之大量增加，亦正暗示着，在前二代與前一代之間，農民階級向着小事業階級的一種大的移動。

依此而論，則美國 Journalim 之背景的趨勢，高等職業階級，當占有優越的地位。但代表此等，高等職業階級者，爲律師，醫師，新聞雜誌記者，以及牧師等，因之，未來的美國新聞製作者，所養成的幼時的讀書研究，及批評的觀察之習慣，已極明顯。

根據一九一〇年『美國國勢調査』之報告：在占有北美合衆國全人口之四八•四%之勞働者家庭之子弟中，從事新聞事業者，僅不過美國新聞記者總數之九%。而僅占全人口四•四%之高等職業者，其從事於新聞事業者，竟占美國新聞記者總數之三一•二%。此外，如事業階級約占全人口之一四•一%，但從事新聞事業者，竟占美國新聞記者總數之三八•六%；而占有全人口之三三•二%的農民階級，其從事新聞事業者，僅占美國新聞記者總數之一九•三%。

以上關於一九一〇年之統計的階級及其參加新聞事業之比率的比較，將精確地反映出新聞記者之幼時的環境，影響及於其最終之成功的事實。目前之美國新聞記者，雖多數係在與一九一〇年同一狀態，或略同狀態之時代，踏上其經歷之第一步，但在其怎樣的眞的關係上，不得不略論當時之社會並經濟的機構之性質。

目前之美國新聞記者，大都在三十五歲以上，因之如以一九〇〇年之人口性質作論，實際上將亦適當。根據一九〇〇年之人口統計，則美國當時職業之分配如左：農業占三五・六%；高等職業占四・三%；家事及個人的職務占一九・五%；商業及運輸占一六・三%；製造及機械業占二四・三%。

在新聞編輯員之中，農民之子爲四四・六%；商人之子爲三二・五%；高等職業之子爲三六・四%；勞働者之子，僅不過二七・一%。然而勞働者之子似乎特別的能夠成功，在今日，爲編輯局長者，農民之子爲二七・六%；商人之子爲二八・二%；高等職業者之子爲二三・二%；而勞働者之子，則爲三七・一%。

爲雜誌編輯員者，商人之子占四・三%；農民之子占二・六%；而高等職業者之子則爲八・一%。得論說記者之身份者，商人之子爲一・%；勞働者之子爲八・五%；農民之子爲五・二%；高等職業者之子亦爲一・%。此外爲部長者，以商人之子爲最多，高等職業者之子爲六・九%；勞働者之子爲五%；農民之子爲三・九%；而商人之子則爲七・四%。至如特別記者，則以農民之子爲最多，高等職業者之子占第二位，勞働者之子之比率，則僅五%。

其次，高等職業之子多任新聞編輯員，編輯局長，及論説記者，且多能成功。農民之子多任編輯員及特別記者，亦多能成功。勞働者之子，則多任編輯局長及社會部長，且最能成功。至於商人，則最適宜於編輯員及編輯局長。

要之，美國新聞記者中，最多確爲高等職業者之子。因我等具有遺傳的新聞愛好心。徵諸上述前一代之新聞記者中，高等職業者竟佔百分之二十五之事實，已可知其概略。

在美國的新聞記者之中，大約有百分之八十，已覺察到高等學校以上的教育之價値，他們的四〇・八%，已受大學的學位；二六・六%，雖未畢業，但正肄業於大學；二三・五%，其所受教養之最高點爲高等學校或豫備學校之教育；至於在中學卒業以後，即中止求學者，則僅八・四%。

因着職業而希望加入新聞界者，多利用短期的新聞學校，在目前美國新聞記者中，利用此種職業教育者極多。在受過職業教育的人們之中，受過新聞學校之教育者，計爲一二・七%，此外，有五二%，其踏進新聞界之第一步，爲練習業務，屬於監督的練習生，至於實行正規的練習生敎育者，在美國僅二三新聞編輯局而已。

如新聞記者確認大學爲新聞事業的準備之一種助力，則必須在大學設備大學新聞紙。大學新聞，對於新聞記者的影響，在給予新聞記者眞的報道以及編輯原稿和執筆論說之最初的趣味上，頗有意義。從事於大學或高等學校之出版物的通訊員或記者的人，在受過職業敎育的人們之中，占有三三·一%。

以通信敎授新聞課程的函授學校，在美國新聞記者的敎育上，並不占怎樣的地位，其受此種函授的新聞課程者，在受過職業敎育的人們之中，僅不過百分之二而已。

大學及新聞學校，在新聞記者心的修養上，確演了重要的任務。在二百十名的美國新聞記者中，身受大學及新聞學校的利益者，占三〇%以上。在大學裏，蓄積了許多關於政治學，社會學，科學，等等的知識，而這些知識，均爲後期研究的主要的基礎。

在大學裏，至少可以獲得化學、地質學、心理學、考古學、物理學、經濟學以及歷史學的皮相的知識。此種一般的知識，較之生產新聞紙之機械的技術之專門的敎養，實更爲切要。新聞來源的範圍，及其論說的範圍，是與所謂知識，有同樣的廣汎。

在新聞業中，僅僅有專門的教養是不夠的，專門的教養，在整個新聞記者的教育上，係占着次要的地位。表現一個新聞記者的全部，第一必須先有可寫的材料，至於懂得寫的技巧，使能明快的寫下獲得的知識，實爲次要。

新聞學校，係學生利用其完成技巧的場所：而普通的大學部，或是修學課程圍範較廣的大學部，學生是從廣汎的知識界，依據演繹法而得到知識，並領受歸納的推理之教育的場所。因之，大學比較新聞學校更爲首要，對於初步的新聞記者，需要廣範圍的知識，是比較需要特殊方面的熱練，更爲切要。

主張新聞記者專門化的人，比較少於廣汎教育的贊成論者；而且在許多的場合，其所主張的專門化，爲在澈底理解廣汎的世界知識之梗概後的專門化，他們主張在大學以後，方可開始從事於新聞人之畢生的事業。

對於將來的新聞記者，在其斷然開始於其新聞事業之前，須先檢查自己之適宜與否，實行此種檢查之最好場所，爲新聞學校。在發現個人的素養確不相宜之時，應毫不躊躇的變更其奮鬥的路線，在新聞學校所努力的大部份爲實際的新聞事業。新聞學校，實爲實行選擇與試驗新聞職業的實驗場。

非難新聞學校，反對修學於新聞學校者，在主張大學教育之利益者的全體中，僅四五人而已，推算新聞學校爲教育之一部的人們中，有些忠告新聞學校的卒業者，不要含有職業專門家的意味，因含有這種意味的態度，將使真正的職業專門人憤慨，這些少數的新聞記者之所以非難新聞學校，是爲着新聞學校的卒業者，當時曾採取了這一種的態度。對於新聞學校的卒業者之忠告，常常是把所謂『無所不知』的自傲忘去，把所謂『都不知道』的虛心記住，而且要努力的表示出你想知道的意思。

亦有很多人主張，在受教育以前，先嘗試新聞的實習。此種方法，係表示在開始學習以前，先求發現能否勝任之手段，其著論主旨爲依據先工作而後進學校。確定努力的目的，然後再把握住達到此種目的的手段。在此，試錄此種主張之判斷於左：

『爲知道你對於新聞事業善好與否及勝任與否，請先以練習通訊員爲始。如經過一年，仍有繼續之志則可進入大學，以英文爲主，再從事研究政治學，歷史及其他不相同的多數課目。在卒業以後，則請選擇自己認爲最難的工作，或傾全力於眞的新聞學術上，不斷的前進。然後，方能轉向於專門方面。』

一切教育的背面，均爲對於人類的關心。因之，在新聞記者的教育評論中，此種人性的硏究實占着第一位。新聞記者，應盡力於民衆學，公民學，以及社會學之硏究，以養成所謂人類階級的理解以及誠實的愛好與同情人類之習慣及其他一切事項之硏究，作爲第一，而記述方法之硏究則作爲第二。

根據上述的種種主張，在美國，未來的新聞記者所學於大學的學課，必須廣及人類全般的知識。第一，必須徹底的學修英文（作文及文學）；其次，再依次學修歷史，經濟學，政治，社會學，外國語，哲學，倫理，勞働科學，數學，心理學，以及人類學。通常最先以英文爲主，再從事於經濟學或歷史學之選擇。以上的許多大學科目，均爲後年硏究專門教育的極重要的基本要素。

但在目前的美國新聞記者之中，非大學出身者仍多成功於大學畢業出身者。在非大學出身者之中，現任主筆者占四一%；編輯局長占三三・三%；論說記者占九・五%；其他新社會部長，部長，特別記者，訪員，雜誌記者，總計占一六%以上。而在大學出身者之中，其百分比則爲：主筆三六・四%；編輯局長二四・七%；論說記者八・%；其地總計則在三〇%以上。

## 國際新聞合作運動一瞥

現代各國間國際關係之密接，關於新聞紙之國際合作的事項，也增多起來。現在各國間，除關於通訊的條約中有種種的規定以外，關於新聞紙之全般的國際條約，尚未締結。從前爲圖新聞紙或新聞記者的便益，雖曾在各地屢次舉行過私的國際會議，但各國政府間之公的國際會議，並未舉行過。有之，則是國際聯盟在一九二七年所召集的新聞專門家會議(Conference of Press Experts; Conference Experts de Presse.) 才可認爲是正式的國際新聞合作運動的開始。

第一次新聞專家會議，於是年八月舉行於日內瓦。是從來各種私的國際新聞會議中，最盛大的一次，曾決議了『News 之保護，減低新聞通訊之費用，改善通訊之設施，對於新聞記者供給職務之方便，緩和平時之新聞檢閱規定』等等要案。據一九二八年國際聯盟年鑑所記載，謂此次會議的目的，在：

(一)以緩和國際間有誤解之危險爲目的；計議研究新聞通訊之迅速而低廉的傳達方法。

(二)從技術上的立場，審議解決紊亂輿論之平靜的問題。

又據國聯事務局編纂的『聯盟政治之現勢』上載，謂此次會議，有橫跨五大陸三十八國的代表，一百一十八人參加；會議之主席巴奈姆氏也曾評判此會議，謂其『係未曾有之廣汎而且重要的新聞會議。』

會議結果所有的決議，其後經過國聯理事會的審議，付交與交通委員會，漸次努力謀其實現。所有決議事項的要領如次；

(一)通訊費用問題——

A.有線及無線電：1.新聞電報拍發秩序，有比一般普通私電儘先拍發之權；2.特別新聞電報，設置至急新聞電報的制度，其報費二倍於普通報費，但比普通急電儘先拍發；3.減低長距離通訊之費用，廢止關於通訊的課稅，創設新聞復迴電報的制度。4.締結地方的協定，在接壤國之間，適用國內電報費之價率。

B.國際電話通訊：1.普通新聞電話費減收二分之一，比普通電話儘先發出。2.特別新聞電話費減收二分之一，比普通至急電話儘先發出；3.國際電話費用，調節超過兩國內電話價率之合計。

C.無綫電訊：1.接受新聞通訊，對新聞通訊社，徵收一定之費用；2.關於通訊費用之設定，考慮無線電訊應比有線電訊低廉；3.希望從日內充有經常發信之可能。

(二)使用密碼問題——

無線電訊中之新聞通訊，為避免新聞被盜用起見，在一定限制之下，許可使用密碼。

(三)改善通訊設施——

A.各大陸間之通訊：認爲遠東諸國與歐美大陸之有線及無線電訊，有改善之必要。

B.在歐洲之通訊希望通訊設施之急速改善；助長無線電信電話等新的通訊機關的發達。

(四)新聞輸送問題——

A.在委員會中英、法、德等國新聞雜誌販賣業者加入審議的結果，採用關於新聞雜誌輸送方法之改善的決議；請求國聯交通委員會予以研究。

B.撤廢對於新聞紙之課稅及其他的限制。

(五)郵便訂閱新聞——

關於郵便預約訂閱新聞，勸告加入一九二四年之『斯特茨克爾』協定，並實施之。

(六)保護新聞報導之所有權——

這是會議中最重視的一個議案；由各通訊社代表會合準備委員會，先作成了決議，再於聯盟事務局關於本件經詳細的研究，而作成了一個法律條。但在本會議中又有各種的提案，其中聯合通訊社的代表康德珂伐氏，主張採用上述準備委員會的決議，且設立關於政府發表的公報之所有權。路透社的代表涉、羅强斯氏擁護這一主張。英國新聞社主協會的代表李德爾氏，則表示可將關於既刊報導之保護委之於各國的政府；關於未刊之報導的完全保護方法，主張保留討論。德國委員提出須得各種新聞記者協會之贊成的提案，主張予以詳細的規定。哈瓦斯氏的代表美依諾氏，又提出凡不以正當手段而獲得之報導不予承認之大原則。重複討論不易解決。委員會熟議之最後結果，即折衷前記各項提案，揭出對於『合法獲得之報導』的原則；對於未刊之報導，亦定制保護之原則，而作成妥協案，以備成立關於本問題之國際協定。

(七)供給新聞通訊員職務之方便——

A．關於新聞通訊員之團體旅行的方便。

B．贊成大學設置新聞科目。

C.贊成對於新聞記者支給旅費及研究費。

D.對於在外國新聞通訊員之二重課稅問題，希望國聯的專門機關研究此項問題；同時並求各國政府之給與方便。

E.車舟之折扣，對於國內外之記者，給與同等的待遇；且對關於新聞事業之集會的出席者，給與便宜。

F.對於新聞記者不作旅券之查證。

G.對於新聞記者發給國際的身分證明書之問題，請求國聯交通委員會，研究此問題。

H.對於外國記者處分(逐放)問題，請求國聯通告各國政府，對新聞通訊員，基於業務執行的理由，予以驅逐出國的處分時，如不徵得新聞記者團體之同意後，不得執行。

I.公報之發表及關於檢查，各國政府對各新聞記者，應一律予以平等待遇，無公私內外之別。

J.各國情報部及地方官憲，對於內外記者，應予以同樣的便宜。

（八）平時檢閱問題——

關於在平時舉行新聞檢閱問題，美國的斯克里柏氏，提出了在平時完全廢止檢閱的提案。法國的德桑氏，對此提出了修正案主張止於絕對必要而且例外的場合，始不廢止檢閱。新聞記者協會的代表者，別提一案主張最低限度的保障條件。最後是綜合所有的提案，作成了折衷的決議。

（九）臨時決議事項——

A. 禁止虛僞報導。

B. 爲普及關於聯盟的知識，在日內瓦設置適當的教育設施。

C. 新聞紙設置『國際聯盟欄』。

D. 努力於精神的軍縮運動。

E. 勸告接壤國新聞紙間締結友好協定。

F. 本會議將來定期繼續舉行。

G.法國委員關於『抗辯權』(Right of Reply; Droit de Réponse) 的提案,延交下次會議討論。

H.最後決議,凡會議之出席者,一致爲新聞紙之一般利益努力宣傳。

這許多的決議,可說是完全包括了國際新聞合作運動所要解決的問題。其後距此會議後的五年,即一九三二年,由丹麥的政府,在其首都哥本哈金又召集第二次的國際新聞會議,這是承繼日內瓦的首次會議的,重要的決議了防止不正 News 之流布,及促進首次會議決議之實行等要件。出席的有英、法、德、意及其他等三十餘國的政府情報部代表,及新聞團體的代表,其主要的決議如:

(一)防止不正 News 之流布——

A.政府方面迅速的供給正確翔實的新聞(News)各國互相交換正確的消息,共同匡正一切謊報之不正記事。

B.各國政府的情報部,與國際聯盟的代表者保持密接的關係,迅速的給予爲獲得各種資料的方便，助長眞正的確保新聞記者之言論自由。

C.對於不正 News 之流布者，由新聞團體制定嚴重的罰則，斷行制裁。

(二)促進一九二七年國聯新聞專門家會議下記各決議之實施——

A.減低新聞輸送費用。

B.各國政府給予新聞通訊記者身分之證明。

C.減低電話電報費用。

(三)與各國情報部保持密接的聯絡，定期舉行國際新聞會議，共同討論各項問題。

第一次會議的決議，比前次會議的決議，簡單得多。其與前次會議的關係，也不過是第（二）的決議，對於首次決而未行的各項，促進其實施而已。這一次會議的最大收獲，祇在第（一）決議，對不正 News 之防止一案。由出席者的性質說，都是各國政府情報部的代表，亦可見此次會議，是完全從各國政府的立場『以消滅國際間之錯解的危險爲目的』的會議。而其與第一次會議的異趣，也很明顯。

第一次在日內瓦所舉行的，是新聞專門家會議，所以會議的結果，大多完全側重於新聞事業的本身的。雖然大體上很能顧到新聞事業及新聞從業員本身的利益；但觀於第（六）之決議，關於『保護新聞報導之所有權』的問題，對之『討論重複，不易解決』亦可以表示各個列强的大新聞企業者，彼此企圖稱霸的爭持情形。當然這許多出席的專家，未始不都是各國間接的官方代表，（因爲他們所代表的社，就是官方或半官方的社）；所以，像第（八）決議，關於『完全廢止平時檢閱』的提案，結局不得定案，而不得不折衷了事，而決議中最易辦到的減低新聞輸送及電報電話費用的決議，尚須待五年後之國際會議之促其實現，亦足見其他決議的實行程度了。至於『各國政府給予新聞通訊記者之身分證明』一項之也有待於促進實行者，是尤可見各國對於新聞政策的用心了。

這樣看來，在國聯號召下的國際新聞合作運動，是也與其他的國際合作運動一樣，祇收獲了若干形式的成績。此種成績，可以在學術上幫助我們對於新聞紙作一種法律上之輔助認識；而不能希冀其有多大的實際的表現。

# 新聞記者歌

## 新聞記者歌

從清晨 到深宵

我們的職責：新聞報導。

不問風霜寒暑，

在街頭奔跑；

申訴人間苦難，

給社會知道。

今天的消息，不要疏忽了：

到處滿災荒，人們早受不了；
邊疆淪落盡，敵人還在開炮。
快記錄事實，把眞相傳報，
確實，詳細，最要緊，莫造謠！

今天的消息，不要疏忽了：
新的戰爭，到處在炸爆，
民族自救的烽火，正在燃燒！
內勤，外勤，都一齊動員罷，
在職業前哨，也就是鬥爭的前哨。

今天的消息，不要疏忽了：

帝國主義者大肚吃不飽；
社會惡勢力更在逞强暴。
打開鏡箱，照出他們醉生夢死的微笑，
提起筆來揭發那些蠅營狗苟的奸巧。
輪轉機上，洪水般印出了我們的報，
輪轉機上，洪水般印出了我們的報。

輿論的權威，要大衆支持，
神聖的職業，是我們自己的瓌寶，
不準無恥的傢伙，去買身投靠，
萬萬千千的讀者，要求着精神的麵包。

莫自誇帝王無覓，
我們要舉起『集納』的旗幟！
大家準備起三千毛瑟，有筆如刀！

# 後記

本書所輯的雜稿，都是自一九三四年秋至現在（一九三六春）這期間內所寫，且係全部發表於『記者座談』的。在這一兩年之間，筆者完全投身在職業記者的生活中，接觸所及，當然不僅是這裏零蕪片斷的一點雜感而已；不過因為晨夕工作忙迫，沒有更具體的發表意見或研究心得的可能。就是這些亂稿，也每都是在發排之前匆促的草起的。其中有一小部分，是去年失了自由以后寫的，那時的時間雖很充裕，可是環境與情緒都改變了，所以作稿甚少。

這些稿子，在發表的當時，為了許多事實的顧慮，所以用了各色各樣的署名。現在『座談』休刊，我亦暫非在職記者，為了錢要將此集出版，乃用統一的名字。但有署名為林雲，伍宜，李仲堯的文字，却不是我作的；他們也不是『座談』中人，祇因他們是我的好朋友，由我介紹寄稿。把他們的稿子也錄在這裏，是我覺得失散了可惜；并且這樣也更保留了我和他們的友情。

新聞記者歌，曾經施誼改過；原來也由聶耳帶到東京去作曲。不料我們這位青年音樂家覓溺

記者識

於海，此歌迄無曲譜，引起記者對他的哀悼！

袁殊 一九三六五月

图书在版编目（CIP）数据

记者道 / 袁殊著．—北京：中国传媒大学出版社，2018.3
（中国近代新闻学名著系列丛书 / 芮必峰主编）
ISBN 978-7-5657-2295-0

Ⅰ．①记…　Ⅱ．①袁…　Ⅲ．①新闻学　Ⅳ．① G210

中国版本图书馆 CIP 数据核字（2018）第 054268 号

中国近代新闻学名著系列丛书
芮必峰　主编
记者道
JIZHE DAO

著　　者　袁　殊
策划编辑　司马兰　姜颖昳
责任编辑　姜颖昳
封面设计　拓美设计
责任印制　阳金洲

出版发行　中国传媒大学出版社
社　　址　北京市朝阳区定福庄东街 1 号　　邮编：100024
电　　话　86-10-65450532 或 65450528　　传真：010-65779405
网　　址　http://www.cucp.com.cn
经　　销　全国新华书店

印　　刷　北京华联印刷有限公司
开　　本　787mm × 1092mm　1/16
印　　张　12
字　　数　115 千字
版　　次　2018 年 6 月第 1 版　2018 年 6 月第 1 次印刷

书　　号　ISBN 978-7-5657-2295-0/G · 2295　定　价　78.00 元